完全独学!
無敵の英語勉強法
横山雅彦
Yokoyama Masahiko

★──ちくまプリマー新書

はじめに

受験英語は**実用英語**です。このように言うと、おそらくみなさんはびっくりされるでしょう。「受験英語は使えない」「受験英語が日本人の英語修得を阻害している」「学校では教えてくれない本当の生きた英語を学ぼう」など、ちまたには「受験英語害悪論」がはびこっています。

しかし、少なくとも戦後の英語の名人達人たちで、受験英語をおろそかにして英語をマスターした人は、一人もいません。むしろ、受験英語こそ、日本人にとっての正しい英語修得への唯一最短の道なのです。受験を通じて学んだ英語が、実用に生かされないのは、ただ、「正しい方向性と筋道」を与えられていないからです。

正しい方法で学べば、受験英語ほど「使える英語」はありません。受験英語こそ、大学生にとっての実用英語だからです。

僕の代名詞である「ロジカル・リーディング」は、僕が1991年にはじめて予備校の教壇に立って以来、さまざまな試行錯誤を経て、ひとつの体系を見た独自の英文読解法です。その有効性は、数え切れないほど多くの受講生たちの驚異的な合格実績によって裏づけ

られてきました。

　その間に培った英語学習法のすべてを、ここにご紹介します。予備校に通うことなく、いかに大学入試を突破するかの具体的な方法を開示しながら、その向こうにある本当の実用英語への橋渡しを試みてみたいと思います。

　現在、大学受験の世界では、何のために受験英語を学ぶのかを示されることなく、「単語」「文法」「語法」「構文」「英文解釈」「長文読解」「英作文」といった分野別学習に終始しています。それらの相関や総合の作業は、まったく生徒任せで、そのことが「受験英語は使えない」という誤解を生む最大の原因となっているようです。

　本書のアプローチは、こうした従来のそれの逆を行くものです。本文でも述べているように、受験英語は、つまるところ「リーディング」に集約されます。語彙も文法も構文も、すべてはリーディングのためにあるものです。

　本書がまず示そうとしたのは、大学受験における英語の全体像です。それはすなわち、受験英語の巨視的な座標軸であり、家の普請にたとえるなら、「屋台骨」です。マニアックな細かい語彙や文法語法の知識は、壁や屋根にすぎません。どんな色に壁を塗るか、どんな材質の屋根瓦を葺くか、などといったことは、いったん家の骨組みができあがってからでいい。むしろそ

れからのほうが、ずっと効率的に家を建てることができるのです。

　みなさんは、学校や予備校で、おそろしいほどたくさんの丸暗記をさせられてきたことでしょう。僕は本書で、それらの細かい知識にぐさぐさと「横串」を打ち込んでいきます。従来の学習法とは異なる構造的なアプローチに、最初のうちこそ戸惑うかもしれません。しかし、僕の説明通りに、読み進めてみてください。きっと、「目からウロコ」の連続であるはずです。本書に書かれた英語勉強法を実践し、最後にみなさんが手にするのは、受験英語を斬り、大学で英語ネイティブと渡り合う Strong English です。

　最後になりましたが、本書の育ての親は、ちくまプリマー新書編集部の四條詠子さんです。四條さんの辛抱強く丁寧なお仕事がなければ、本書が世に出ることは決してありませんでした。前著『大学受験に強くなる教養講座』から丸７年、こうしてまた四條さんとご一緒に本をつくることができたことを、心から嬉しく、有り難く思います。

〈注記〉本文中の英文に*がついているものは、非文（文法的に誤った文）であることを示します。

目次
*
Contents

はじめに……3

序　章　**なぜ受験英語を学ぶのか——日本人と英語の関係**……11
日本における英会話ブーム／一度も使うことのない実用英語／日本人にとっての英語は「芸道」／近代化と英語化／英語を使わない近代化を果たした日本／大学入試に必ず英語が出る理由／student の仕事／大学受験で求められるもの／大学入試に必要な英語／大学入試の主役はあくまでリーディング／知的イノベーションは母語によってしか担われない

第1章　**いかに読解力を高めるか——受験英語は「リーディング」に集約される**……33
ディベートはアメリカ人の日常会話／「森のロジック」と「木のロジック」／ロジックの英語と腹芸の日本語／「森のロジック」＝「三角ロジック」／「クレームになるもの」あと3つ／物語文に見られる三角ロジック／「データ」＝「レトリック」／ワラントの重要性／大学入試に速読は要らない

第2章 いかに文法力を高めるか――英文法とは「ロジック」の道具である……68

英文法と語法の関係／「木のロジック」＝「読解英文法」／5文型がすべての基礎／「5文型」＝「動詞の5つの型」／第3文型が英語の命／品詞がわからなければ瀕死／英文のマトリョーシカ構造／従属節をつくるもの1・従属接続詞／従属節をつくるもの2・関係詞／従属節をつくるもの3・疑問詞／最後に、練習問題を1つ／「句」をつくるのは「準動詞」／準動詞は「SV崩し」の道具／不定詞はオールマイティー／動名詞は名詞節崩しのピンチヒッター／分詞は副詞節崩しのピンチヒッター／「比較構文」も複文／as節・than節のない比較構文／notとnotの「機能」／英文法は「意味」より「型」／英文和訳に「意訳」は要らない／「学者」としての翻訳／「意訳」は採点できない

第3章 いかに語彙力を高めるか――受動的語彙と能動的語彙……143

アメリカ人と日本人の平均語彙数／英米人と日本人の最大語彙数／受動的語彙と能動的語彙／内容語と機能語／「1語1義」でよい／語根学習は入試が終わってからでよい／未知の単語の推測は「同形反

復・反転反復」から／入試頻出テーマ：ポストコロニアル

第4章 いかに作文力を高めるか——一文構成と論理構成……161

英作文は英借文ではない／小学生に説明するように書く／複文は使わない／論理指標に気をつける／冠詞を迷ったときの裏ワザ／自由英作文のポイント1・演繹型で書く／自由英作文のポイント2・議論の内容が採点されることはない／要約英作文の考え方

第5章 いかにリスニング力を高めるか——「聞き流していたら突然わかるようになった」のウソ……182

リスニングとヒアリングは違う／発音よりもリズム／リズムの実験2つ／失敗2つ／音読のすすめ

終 章 新たな和魂洋才に向けて——大学入学後への橋渡し……191

スピーキングは大学に入ってから／アメリカ人のように聞こえたい日本人／英語の限界／武道 ≠ martial arts／和魂洋才ふたたび

◎さらに学習を進めるために……202

序　章　なぜ受験英語を学ぶのか
　　　　——日本人と英語の関係

◆日本における英会話ブーム

　高度情報化時代が到来し、英語がグローバル言語となるにつれ、「早期英語教育」や「社内英語公用語化」が叫ばれるようになりました。しかし、これは何も今に始まったことではなく、振り返ってみれば、戦後日本には、根強い「英会話」信仰、「実用英語」神話がありました。

　終戦直後の1946年、アメリカ占領下の日本で、NHK国際部の主任アナウンサーであった平川唯一先生が、ラジオ英語会話、通称「カムカム英語」で一世を風靡します。オープニング曲が "Come, come, everybody" で始まる童謡『証城寺の狸囃子』の替え歌だったことから、そう呼ばれたそうです。もちろん、僕はリアルタイムには知りませんが、当時小学生だったはずの母が、何かの拍子でスラスラこの替え歌を歌ったことがあり、どれほど「カムカム英語」が人口に膾炙していたか、実感させられたことがあります。

　サンフランシスコ講和条約が締結され、日本が独立を取り戻した1951年、平川先生の後任としてNHK

ラジオ英語会話を担当されたのが、やはり英会話の世界におけるレジェンドとして語り継がれる松本亨先生です。今ではあたりまえのように言われるようになった"Think in English"（英語で考える）も、松本先生がはじめて提唱されました。

こうした流れの上に、爆発的な「英会話ブーム」がやってきます。そのきっかけとなったのが、1964年の東京オリンピックでした。同じ年、海外旅行が自由化され、経済協力開発機構（OECD）への加盟が実現したことも、その大きい原動力でした。そして、極めつけとなったのが、1970年の大阪万博です。

1972年、松本亨先生の後を引き継ぎ、NHKラジオ英語会話の講師となられたのが、東後勝明先生です。東後先生が同番組を降板される1985年までの十数年が、おそらくは日本における英会話ブームの黄金期であったと思います。

東後先生のほかにもう一人、忘れてはならないのが、松本道弘先生でしょう。松本先生は、この時期に英会話に没頭した大学ESSのメンバーのロールモデルでした。海外経験ゼロのまま、同時通訳者となり、さらにはNHKテレビ「英語会話中級」の講師となったことでも知られます。

「英語会話中級」は、当時日本人として担当することができた最高レベル（事実上の上級）で、松本道弘先生の前任には、國弘正雄先生、そして僕の恩師であ

る小浪充先生がおられました。小浪先生は、英会話の先生ではなく、あくまでアメリカ事情の専門家という立ち位置で、アメリカから招いた第一線級の学者たちと本気の討論を繰り広げ、異彩を放ちました。

　僕は、大学3年生だった1985年から1991年までの6年間、ECC外語学院の講師として英会話を教えましたが、その盛況ぶりは、今の比ではありませんでした。狭い教室に30人あまりの生徒がぎゅうぎゅう詰めになり、全員が起立して、軍隊さながら、大声でテキストを音読する様子は、今思えば、ちょっと異様でした。

◆一度も使うことのない実用英語

　「この時代、英語で日常会話くらいはできなければ」と、よく言われます。テレビやラジオの英会話講座、あるいは英会話学校のテキストを見ると、決まって挨拶や電話、ショッピング、道案内といったテーマを取り上げています。そして、そうしたテーマの決まり文句を学び、対話形式の練習をします。

　しかし、よく考えてみてほしいのです。これまでみなさんが生きてこられた中で、こうした「日常会話」をする機会がどれほどあったでしょうか。僕自身、学生時代はいわゆる「日常会話」を必死で学び、英会話講師として、生徒のみなさんに教えもしましたが、実際に英語で挨拶をしたり、電話をしたりしたことは、数えるほどしかありません。英語の道案内に至っては、

国内はおろか、国外でも、したことも、してもらったことも、ほとんどないのです（たとえば、アメリカは車社会ですし、治安の悪いダウンタウンで、見知らぬ人に気楽に道案内を乞うことは、まずないのではないでしょうか）。

つまり、多くの日本人が考えている「日常会話」は、実は「非日常会話」であり、「実用英語」は「非実用英語」だということです。もし日本で使える場があるとするなら、それは英会話学校でのきわめて「バーチャル」なものにすぎません。

◆日本人にとっての英語は「芸道」

その意味で、日本人にとっての英語は、「芸道」にとてもよく似ています。茶道、華道、書道、武道など、伝統的な芸道の技術は、現代人のわれわれにとっては、一生使う機会のないものばかりです。考えてみれば、当然です。それらのほとんどは、鎌倉時代から江戸時代の生活の中で、必然によって生み出された技術の体系だからです。

僕は、英語よりも前、小学5年生のときから空手を修行しています。そこで習う技は、凄惨な殺傷術ばかりです。目潰しあり、金的蹴りあり、腕を折る関節技もあります。しかし、ふだん道を歩いていて、空手の技を使う機会など、まず絶対にありません。「護身のために」と思われるかもしれませんが、同じ空手家を

相手に路上で戦う可能性は、限りなくゼロに近いはずです（空手の防御体系は、対空手を想定したものです）。無理に使ったとしても、明らかな過剰防衛ですし、護身のためなら、そもそも恐ろしい暴漢相手に素手で戦う必要はなく、無手勝流で「逃げるが勝ち」です。

　空手の技を実用できるほとんど唯一の場が、「試合」です。いや、試合においてさえ、顔面攻撃や金的攻撃、関節技など、危険な殺傷技術、つまり本来の空手の技術は、すべて「反則技」として禁じられています。「実戦空手」とか「ケンカ空手」とか言いますが、正々堂々ルールを守って、一歩も引かずに素手で殴り蹴るなど、きわめてバーチャルで非現実的なスポーツ競技です。

　茶道や華道、書道もそうですね。そこで磨いた腕前を発揮する機会は、まず「展覧会」くらいでしょう。伝統技芸の修行者は、一生使うことのない技術を、一生かけて追い求めているのです。

　英語における「試合」や「展覧会」は、英検や国連英検、TOEICといった資格試験でしょうか。そこで測られる能力は、みなさんが、実際の生活で発揮することは、およそないであろう、非実用的な英語のそれです。松本道弘先生は「英語道」を提唱されましたが、まさに言い得て妙、日本人にとっての英語は、空手や書道と同じ「道」なのです。

◆近代化と英語化

　日本人にとっての英語が、どこまでいっても「実用的」＝「日常的」なものにはならず、バーチャルな「習いごと」＝「芸道」になってしまうのは、特殊日本的な近代化の経緯があるからです。

　「近代化」とは、18世紀以降、功利主義思想とともに、まず西洋世界で生まれたひとつの普遍的文明が、19世紀以降、世界の他の地域に広まっていった歴史ととらえることができます。功利主義思想の中心命題は、言うまでもなくベンサムの最大幸福原理（最大多数の最大幸福）であり、この普遍的な近代文明を「功利主義文明」と呼んでもいいでしょう。

　功利主義思想は西洋が生んだものですが、それをひとつの文明としてつくり上げたのはアメリカです。1776年、イギリスでアダム・スミスの『国富論』が出版されたまさにその年に、アメリカは独立しています。そして、その約10年後、やはりイギリスでベンサムの最大幸福原理が体系を持って登場する頃、アメリカでは世界最初の成文憲法が制定されました。つまり、アメリカは国家的理念として功利主義思想を純粋に体現した国だったのです。

　われわれが見聞しつつあるさまざまな現実は、少数の例外を除いて、基本的にはこの普遍的文明への諸文化の適応の問題だけです。つまり、アメリカ文明という名の功利主義文明に対して、これと矛盾する古い伝

統文化を持つ国々が、それぞれ工夫を凝らし、適応してきた過程が、情報化の進展によって、文字通りグローバル化してきたのが、今日の世界だということです。

近代化とは功利主義化のことであり、西洋化のこと、より具体的にはアメリカ化のことです。そして、それは必然的に英語化（米語化）を意味します。思考と言語は表裏一体です。社会学の用語に、mores があります。「習律（しゅうりつ）」とも「心の習慣」とも訳されますが、無意識的な思考習慣のことです。あるいは、「心の習慣」の道具が言語であると言ってもいいかもしれません。功利主義文明が西欧世界で生まれ、アメリカによって体現された以上、英語（米語）がその受け入れの媒体となるのは、論理的な帰結でしょう。

◆ **英語を使わない近代化を果たした日本**

言うまでもなく、英語はヨーロッパ言語のひとつですから、功利主義が西洋諸国に浸透していくにあたって、言語的な問題が生じることは、ほとんどありませんでした。それらの「心の習慣」は、いわば兄弟であり、とてもよく似ているからです。

問題は、非西洋的な「心の習慣」を持つ言語です。「心の習慣」がないということは、「概念」がないということ、つまり「言葉」がないということです。アジアやアフリカなど、まったく異質で非功利主義的な要素を含む土着文化を持つ国々は、近代化にあたっては、

ダイレクトに英語を使うしかありません。

　日本における功利主義文明への適応が始まったのは、もちろん明治維新期です。しかし、ここで明治の知識人たちは、空前にして絶後の離れわざをやってのけます。日本語そのものを変えてしまったのです。

　彼らは、功利主義文明の言語のほとんどに、漢語をあてはめました。「抽象」「具体」「演繹(えんえき)」「帰納(きのう)」「判断」「方程式」「社会」「自由」「経済」「政治」「宗教」「文化」「文明」「科学」「医学」「思想」「音楽」……すべて日本の近代化のために用意された新造漢語です。その数、ざっと1万と言われます。そして、それでも間に合わない場合は、カタカナで表記しました。われわれが日常会話で使っている日本語は約2000語ですが、それらは、ほぼ例外なく明治期に生まれた語彙(ごい)です。

　「愛」もそうです。現代の日本人があたりまえのように使っている「愛」という言葉は、loveの訳語として生まれた新しい日本語です。夏目漱石(なつめそうせき)が、"I love you." を「月がきれいですね」と訳したという有名な逸話があります。実は、これには明確な出典がなく、後世の創作である可能性が高いのですが、あながちデタラメとも言えません。昔の日本では、「愛しい」と書いて「うつくしい」と読んでいました。エロス的で肉感的なloveとは、好対照です。江戸時代には、「愛している」などという言い回しはなかったのです。

こうして、「漢字による造語」と「カタカナによる表記」で新たな語彙を用意し、いわば「英語の翻訳」としてでき上がった新しい日本語が、現代国語です。江戸時代から明治時代というほんのごく短期に、ここまで劇的に変化した言語は、日本語だけです。よく戦国時代や江戸時代にタイムスリップする漫画やドラマがありますが、まず言葉が通じないはずです。

　明治の知識人たちが苦心の末生み出した現代国語は、その後の日本の近代化の原動力となっていきます。現代国語によって、日本人は英語を使わない近代化、大衆レベルでの高度な近代化を果たしたのです。少なくとも、世界の近代化の歴史において、日本は、他に類を見ない稀な国だと言えるでしょう。

　この現代国語の存在こそ、日本人にとって英語を「芸道」ならしめるものです。現代国語、すなわち英語化された日本語があるからこそ、ほとんどの場合、日本人は、英語を使うことなく、近代功利主義文明の恩恵を享受することができるのです。

◆大学入試に必ず英語が出る理由

　「ほとんどの場合」と強調したのは、もちろん、例外があるからです。「最先端の学問」です。西洋近代が生んだ学問の基礎にあるのは、「還元主義」の考え方です。知ろうとする相手を対象化し、それと自らを切り離して、醒めた目で客観的に観察します。そして、

その対象を、できる限り小さく細かい構成要素に分解し、分析して、ふたたび寄せ集める。そうして得られたものが、近代科学の「知」です。

当然、科学は多くの専門分野に細分化していきます。物理学や生物学、化学、経済学、政治学、社会学、文学、医学など、専門分野のことを「ディシプリン」（discipline）と言います。明治の初めに、西洋諸国で学んだ日本の留学生は、西洋の学問が細かい専門分野に分かれているのを知って、大変驚いたそうです。

当時、日本では、中国から入ってきた「漢学」と、日本について全体的に学ぶ「国学」が、学問の主流でした。もちろん、オランダから入ってきた「蘭学」もありましたが、もっぱら医学の分野に限られていました。日本には、学問を専門分野に分けて学ぶという考えがなかったのです。ディシプリンの考え方が日本に入ってきて、まだわずか百数十年、この異文化体験の衝撃は、今も続いています。

世界史における「現代」は、アメリカ独立をもって始まります。近代を純粋培養した時代が現代であり、西洋を純粋体現した国がアメリカです。ですから、必然的に、さまざまなディシプリンの最先端の知見は、アメリカで――すなわち英語で――発表されています。つまり、今のところ、まったく英語を使わずにできる学問は存在しないのです。

たとえば、「私は日本文学を専攻するのだから、英

語は必要ない」と思うかもしれません。しかし、それは間違いです。そもそも「文学」という言葉自体、literatureの訳語として明治期に生まれた新造漢語です。「日本文学研究」は、文学のディシプリンをたまたま日本にあてはめるだけのものであって、『源氏物語』に関する最新の研究は、英語で書かれ、英語で読まれています。中国史学、エジプト考古学、アフリカ音楽、日本新宗教研究……すべてそうです。

　もうわかりますね。だからこそ、すべての大学、すべての学部の入試において、英語が出題されるのです。大学入試とは、大学で学問する準備ができたかどうかを、大学がそれぞれの仕方で試そうとするものです。そこで出される問題は、すべて「この程度のことを知っていなければ、ウチでは学問できませんよ。この程度がこなせなければ、ウチの授業にはついていけませんよ」という大学側の意思表示なのです。

　古文が出ない大学は、たくさんあります（むしろ、出ない大学がほとんどです）。数学が出ない大学もあれば、現代文が出ない大学もあります。多くの現代文の先生が、「現代文はあらゆる科目の土台である」と喧伝するにもかかわらず、です。つまり、それは、極論すれば、その大学や学部が、現代文を「学問の土台」とは考えていないということにほかなりません。

　「学問の土台」は英語です。どのディシプリンであれ、最新の研究は、英語で書かれ、英語で読まれてい

序章　なぜ受験英語を学ぶのか

ます。終章で述べるように、僕は、日本人が生きる世界を英語で語ることには無理があると思います。一日も早く、英語を使わず、いわば日本の「国の個性」を生けどりにする日本発の学問が出てこなければならないとも思います。しかし、今は英語を使うしかない。それが現実だということです。

◆studentの仕事

studentの本来の意味は、「学者」です。よく大学生が自分のことを（ときに教員すらもが大学生のことを）「生徒」と呼ぶことがありますが、それはとんでもない間違いです。高校生までは「生徒」でいいとしても、大学生は立派な学者であり、学徒です。僕はアメリカ学会に所属するアメリカ研究者の端くれですが、戦後のアメリカ思想史研究に屹立する巨人、本間長世先生が、ご自身のことを"a student of American history and culture"とおっしゃるのを聞いて、いたく感動したことがあります。「こんな偉い先生が、ご自分をstudentとおっしゃっている。studentとは学者の意味なんだなあ」と。

「学者」のもっとも大きな仕事は、もちろん「知のフロンティアを切り開く」こと、つまり、「論文を書く」ことです。そしてもう1つ、学者には「知の世界を世間にわかりやすく紹介する」という仕事があります。英語で発表された最先端の知見を、一般の人たち

のために「翻訳する」のです。論文を書き、翻訳するためだけに、大学教員は大学からお金（研究費）をもらい、日々を送っています。事実、大学教員が採用される際、あるいは昇進する際、査定の対象となるのは、「論文」と「翻訳」の2つのみです。

　彼らは、中学や高校の教員のような「教育職」ではありません。論文を書き、翻訳することを生業（なりわい）とする「研究職」です。ですから、大学で教えるのに、教員免許は不要です。彼らが「講義」を担当するのは、あくまで同じディシプリンの先輩として、後進たちの研究にオリエンテーション（方向づけ）を与えるためです。教え方の上手、下手など、本当は、彼らの評価とは何の関係もありません。彼らは、大切な研究の合間を縫って、あるいは研究を中断して、後進への道案内として、講義を担当しているにすぎないのです。

◆大学受験で求められるもの

　以上のことから、大学生が送るべき本来の研究生活とは何か、そのために、大学受験生はどんな準備をしなければならないかが、はっきりわかってくるはずです。大学生も、student（研究者）である以上、「知のフロンティア」に貢献しなければなりません。新しい学説を生み出すことはできなくても、先人たちの説を演繹的に検証することはできます。彼らの学説を、また別の事例にあてはめ、検証する。それが「卒業論文」

です。

　あるいは、1、2年の「一般教養課程」を終えると、3、4年の「専門課程」へと進みます。一般教養課程でさまざまな教員の講義に触れ、「この人だ！」という先生を見定め、その先生のゼミナール（ゼミ）に入ります。つまり、「弟子入り」するわけです。

　そこで、論文指導（卒業論文の指導）を受けながら、ゼミ生は、翻訳の手伝いをします。「輪読」と言って、先生が1冊の本を決め、それをゼミ生が分担して全訳や要約をつくり、発表し、先生や他のゼミ生たちと議論しながら推敲します。そこで課題となる本は、しばしばその先生が翻訳を考えている場合が多いのです。

　大学受験で問われるのは、大学で研究する——論文を書き、翻訳をする——ための準備ができているか、ただそれだけです。英語も現代文も、社会も数学も理科も、すべては「学問の準備」という名のひとつの科目なのです。

　どのディシプリンであっても、英語が必要であることは言うまでもありませんが、「経済学」を専攻するなら、数学の素養は必須でしょう。「西洋史学」なら、世界史の知識がなければなりません（日本史選択も可能ですが、入学後に非常に困ることになります）。したがって、そうした学部の入学試験では、当然、数学や世界史が出題されるわけです。

　また、それぞれのディシプリンで「スタンダード」

となっている有名な文献は、すでに翻訳があります。日本のすぐれた学者が書いた評論もあります。それらを読む力を問うのが、現代文です（ディシプリンの基礎を学ぶ1、2年次では、むしろ日本語で読む機会の方が多いでしょう）。小論文が入試科目にあるのは、もちろん、日本語で論文を書くための下地ができているかどうかを試すためです。

このように、大学入試の問題には、大学側の明確な意図と目的があります。それは、「われわれはこんなstudentを求めている」、「ウチのstudentになるためには、この程度の準備ができていなければならない」という無言の、しかしきわめて雄弁なメッセージなのです。

◆大学入試に必要な英語

いよいよ話を、この本のテーマ——英語に絞りましょう。入試科目としての英語の単元には、単語、熟語、文法、リーディング、ライティング、リスニングがあります。その中心となるのがリーディングであることは、もはや言うまでもないでしょう。studentの仕事とは、つまるところ、「論文講読」と「翻訳」に尽きるからです。それは、明治以来まったく変わっていませんし、現代国語の恩恵を蒙り続ける限り、これからも変わることはありません。

リーディングには、「一文読解」と「長文読解」の

2つがあります。一文読解は、一文を和訳させるもので、入学後に当面する「翻訳」の準備ができているかを問うために出題されます。長文読解は、もちろん「論文講読」の下地を試すものです。ですから、出題される英文も、論文（評論文）が8割以上を占めることになります。本気でstudentを育てようと考えている大学では——つまり、最難関大学では——ごく一部の例外を除いて、小説、物語文やエッセイ、新聞記事などが出題されることは、まずありません。「大学入学後の学問の準備ができたかどうか」を問うのが、大学入試の目的なのですから、それは当然のことでしょう。

　長文読解には、客観問題（選択形式の内容一致問題）と記述問題（説明問題や要約問題）があります。前者は、英文の主旨や議論の内容を正しく読み取れているかを測るものですし、後者は、読み取った内容を、さらに自分の言葉で「客体化」できるかを見ようとするものです。客体化とは、自分の考えを第三者にわかりやすく端的に伝えることです。大学では、ゼミナールをはじめとする多くの授業で、プレゼンテーションやディスカッションをしなければなりません。要約力を試すのは、その準備ができているかどうかを知るためです。

　単語や熟語、文法は、あくまで読解を支える下部構造です。**なぜ単語や熟語を覚え、文法を学ぶのか**——

すべては「論文を読むため」です。「読解のため」という視点がなければ、単語や熟語、文法が、個々バラバラの知識になり、結局、英語は暗記科目になってしまいます。文法も同じです。受験生の多くが英文法を嫌いになってしまうのは、「なぜ文法を学ぶのか」という明確な方向づけが与えられていないからです。彼らにとっての「文法」とは「文法問題」のことであり、その学習は「文法問題のための文法」という無味乾燥なものになってしまっているのです。このことについては、第2章で詳しく述べたいと思います。

ライティングには、和文英訳（短い日本語を英訳させるもの）と自由英作文（1つの命題を与え、論述させるもの）の2つがありますが、それが求められるということは、入学後に英語でレポートや卒業論文を書かなければならない（かもしれない）ということです。リスニングが課されるのは、その大学が（一部またはすべての）講義を英語で行おうとしているからです。

ただ、英語という入試科目全体で、ライティングやリスニングが占める割合は、それほど高くありません。学部レベルでは、まだ日本語で卒業論文を書かせる大学が圧倒的多数を占めていて、講義を英語で行っている大学も、それほど多くはないからです（後述するように、それが健全な大学のあり方です）。また、ライティングやリスニングの対策は、あくまで読解との関連においてなされるべきです。そのことについては、第

4章、第5章で詳しく説明したいと思います。

◆大学入試の主役はあくまでリーディング

たとえば、慶應義塾大学 SFC（総合政策学部・環境情報学部）は、20年以上ずっと、約1000ワードの超長文を使った問題が2つ、出題されるだけです。テーマは「グローバル化」や「情報化」、「ポストモダンの知」など、本格的な評論ばかりで、それぞれの長文に、20問の空所補充と10問の内容一致が置かれています。これは、「論文を書くこと」と「翻訳をすること」という2つの学者の仕事のうち、前者に重きを置いた出題です。

また、京都大学の二次試験は、記録に残っている限り、「英文和訳」と「和文英訳」のみです。大阪大学は、それに「要約」問題が加わります（かつて京大と阪大の問題は、どちらがどちらか区別がつかないほど似ていました）。これは、明らかに後者、すなわち「翻訳」に軸足を置いた出題でしょう。京大の首尾一貫した姿勢は、まるで頑固親父のようで、微笑(ほほえ)ましいくらいです。いずれにせよ、本気で学生たちに学問をさせようと思うなら、英語の入試問題がリーディングに偏る（あるいはリーディングだけになる）のは、当然のことです。

ここで、採用を表明する大学が増え、話題を集めているTEAPについて、コメントしておこうと思います。

TEAPとは、日本英語検定協会が上智大学と共同で開発したアカデミック英語能力判定試験（Test of English for Academic Purposes）のことです。

　TEAPは、リーディング、リスニング、ライティング、スピーキングの4つのカテゴリーから構成されていて、それぞれの配点は等しく100点（400点満点）となっています。英検の二次試験のように、1対1の面接形式で行われるスピーキングテストが、その大きな特徴です。

　TEAP採用の背景にあるのは、文部科学省が2020年度から実施すると発表した英語教育改革プランです。すなわち、小学校では、5年、6年から英語が必修化されます。中学の英語の授業は、原則として英語で行われ、高校でも、スピーキングを重視した英語教育が行われるそうです。

　しかし、たとえ中堅以下の私大を中心に、多くの大学がTEAPを採用しても、本気で学問に向き合っている大学は、これまで通り、論文講読の能力を測るリーディング問題を出し続けるはずです。文科省が共通一次やセンター試験を課しても、二次では、それぞれの大学が独自の問題で選抜を行ってきたのと同じです。

　すでに述べてきた通り、日本人のstudentが当面する英語力とは、これまでも、そしてこれからも、論文を読み、翻訳する能力にほかなりません。つまり、日本の大学生に必要なEnglish for academic purposes（ア

カデミックな英語力)は、第一に(そして圧倒的に)リーディング、次いでライティングです。リスニングやスピーキングを同列に並べるTEAPは、誤解を恐れずにあえて言うなら、「アメリカの大学に入学を希望する学生のための」と冠すべきものでしょう。つまり、英検協会が作ったもう1つのTOEFL(Test of English as a Foreign Language)と言っていいかもしれません。

　文科省やTEAPを推進する4技能派の人たちは、ひょっとして、大学をESL化しようとしているのでしょうか。ESL(English as a Second Language)プログラムとは、アメリカの大学(undergraduate)に入学するには英語力の足りない非英語ネイティブが入るところで、日本人大学生のアメリカ留学の大半は、実はESL留学です。

　「いや、そうではない。undergraduateの教育を英語で行うのだ」と言うのかもしれません。しかし、日本の大学が、一般教養科目や専門科目を英語で教えるには、まずマンパワーが決定的に足りません。英語ネイティブなら誰でもいい、というわけにはいかないのです。それぞれのディシプリンを身につけ、学位を取得した英語ネイティブを、日本国内で大量に確保することは至難——というより、不可能です。

　逆に、日本人の教員が英語で講義をするとなると、教員・学生両方の英語力の問題から、伝えることができる情報の量と正確さが、格段に下がってしまいます。

また、教員が講義の準備にあてるべき時間も、何倍、何十倍に増えるでしょう。僕は、ある大学から英語でアメリカ史を教える話をいただいたことがありますが、その恐ろしいほどの労力と負担を想像して、とても「できる」とは答えられませんでした。

◆知的イノベーションは母語によってしか担われない

内田樹(うちだたつる)先生は、「知的イノベーションは母語によってしか担われない」と述べておられます。フィリピンのある大学の先生は、内田先生に「英語で講義ができるのは practical（実用的）である。母語で講義ができないのは tragic（悲劇）である」とおっしゃったそうです。

たとえば、もしいま、東大の全教員が英語で講義を行ったら、その知的レベルは、高校、あるいはそれ以下に下がってしまうでしょう。そもそも、現代国語という奇跡の産物のおかげで、われわれは、最先端の知見を読むこと以外は、英語を使わずに学問することができるのです。

本気で student を育成しようとしている大学なら、この程度のことは、百も承知です。学部の4年間は、あっという間です。大学には、本気で学生たちに学問のトレーニングをしてあげてほしい。そして、それは母語でのみ可能なことです。いや、母語でさえ、時間

がない。日本にいる限り、学部レベルの講義を英語で行うことは、百害あって一利なしとまでは言わないものの、絶対に必要なことではありません。むしろ、日本語で講義をし、日本語で卒業論文を書かせるべきです。

　文科省がどんな方針を打ち出しても、そしてそれに迎合する一部の大学が、英検やTEAP、TOEFL、TOEICなど、4技能重視の外部試験を採用しても、心ある大学は、決して本来の入試のあり方を変えることはないでしょう。大学は、英会話学校ではありません。いわんや、ESLでもありません。僕は、大学の良心を信じます。大学受験における英語は、リーディングを主軸とするものです。また、そうでなければなりません。

第1章　いかに読解力を高めるか
——受験英語は「リーディング」に集約される

◆ディベートはアメリカ人の日常会話

　大学受験における英語は、リーディングに集約されます。あえて比率にするなら、リーディングが全体の**7割から8割**を占めます。残りがライティング、次いでリスニングでしょう。文法や語法、語彙は、あくまでリーディングを底支えするものです。

　僕は、1991年にはじめて予備校の教壇に立ってから、一貫して「ロジカル・リーディング」を提唱してきました。しかし、この名称は、実は「美しい美人」や「塩辛い塩辛」と同じたぐいの冗語です。なぜなら、「英語的」と「ロジカル」は同義の言葉だからです。つまり、英語を読むことが、すなわちロジカル・リーディングなのであり、ロジカルでない英語リーディングはあり得ないということになります。

　序章でも述べたように、すべての言語には、「心の習慣」とも呼ぶべき無意識的なルールがあります。「ロジック」とは、英語の「心の習慣」です。「論理」は「ロジック」の訳語として、明治期に生まれた新造漢語です。そして、英語の「心の習慣」であるロジッ

クによってつくり変えられた日本語が、「現代国語」にほかなりません。

以前、ECC外語学院の中吊り広告で、「ディベートってのは日常会話とは違うんだよ」というビートたけしさんの言葉を見かけたことがあります。確かに、日本語なら、そうなのかもしれません。しかし、アメリカ人の会話は、すべて論理的（ロジカル）です。「議論」は「論理的に議する（意見を述べ合う）こと」、「討論」は「論理的に（言葉で）相手を討つこと」であり、ともに明治期につくられた新造漢語です。

英語の argument や discussion、debate は、日本語の「議論」や「討論」ほど仰々しい言葉ではありません。いずれも、アメリカ人にとっては、ごくふつうの日常語です。ディベート（討論）こそ、アメリカ人の日常会話なのです。

そもそも、「討論」や「議論」、「論文」という言葉があること自体、論理が日常レベルで日本語に定着していない証拠です。『高校生のための論理思考トレーニング』（ちくま新書）で述べたように、僕は、それこそが、明治の知識人たちの狙いだったと考えています。つまり、日本語の個性を守るために、彼らは、あえて論理を「評論」という非日常に閉じ込めたのです。

◆「森のロジック」と「木のロジック」

英語の「ロジック」は、2つのレベルないし構造か

らとらえることができます。僕は、それらを「森のロジック」と「木のロジック」と呼んでいます。**「森のロジック」とは、まさに英語の「心の習慣」そのものであり、英語ネイティブのコミュニケーションを支配している思考様式です。**一方、「木のロジック」とは、「心の習慣」が、その運用に必要とする「道具」と言えばいいでしょうか。

たとえば、サッカーにはサッカーの「ルール」があります。これが「心の習慣」です。そして、サッカーのルールに必要な「道具」が、サッカーのフィールドであり、ゴールであり、サッカーボールです。それら「道具」にあたるのが、言語においては、文法であり、語彙です。

サッカーの道具でテニスをすることはできません。また、テニスの道具でサッカーをすることも不可能です。日本語の「心の習慣」は、プレロジカル（前論理的）な「腹芸」であり、「察し」です。日本語の文法や語彙は、本来、その道具であるはずなのですが、明治の知識人たちは、それらを無理やり「ロジック」で運用しようとしました。それが現代国語です。ですから、ある程度は論理的にはなったものの、たとえて言うなら、テニスボールでサッカーをするような、実に珍妙なものになってしまいました（あえて日本語のロジカル化を必要最小限にとどめようとした必死の努力の産物だったとも言えます）。

現代国語の限界と可能性を知るためにも、改めて英語に学ぶことが必要です。事実、**ロジカル・リーディングに習熟すると**、それに伴って、**現代文の成績が飛躍的に向上します**。当然、その裏返しとして、小論文の書き方もわかってきます。**小論文とは、ロジカルに日本語を書くことだからです**。

　英文法や語彙は、三角ロジックの道具であり、それを支える下部構造です。それこそが、僕の言う「木のロジック」であり、その視点がなければ、「語彙問題のための語彙」、「文法問題のための文法」になってしまい、いつまでたっても暗記科目から抜け出すことができません。

　本書では、第1章で「森のロジック」を、そして第2章・第3章で「木のロジック」を扱いたいと思います。具体的には、第2章で英文法、第3章で語彙について論じます。「森のロジック」と「木のロジック」は、ロジカル・リーディングを支える、いわば車の両輪です。両方が揃ってはじめて、英文をロジカルに読むことができるのです。

◆ロジックの英語と腹芸の日本語

　これまでに、英語ネイティブと話したことがある人なら、一度はこんなふうに会話に行き詰まってしまった経験があるのではないでしょうか。

英語ネイティブ：What's the place you recommend to visit in Japan?（日本でオススメの場所はどこですか？）
日本人：Okinawa.（沖縄です）
英語ネイティブ：Why do you recommend it?（どうしてそこがオススメですか？）
日本人：……（オススメだからオススメなんだけど……）Well, because I like Okinawa.（えっと、沖縄が好きなんです）
英語ネイティブ：Why do you like it?（どうして好きなのですか？）
日本人：……
英語ネイティブ：Do you like the people?（そこの人たちが好きですか？）
日本人：Yes.（はい）
英語ネイティブ：Why do you like them?（どうして好きなのですか？）
日本人：……
英語ネイティブ：Are they nice?（いい人たちなんですか？）
日本人：Yes, yes!（はい、そうです！）
英語ネイティブ：How nice are they?（どんなふうに？）
日本人：……（し、しつこい……）

これこそ、お互いの「心の習慣」の違いからくるコ

ミュニケーション・ギャップです。英語ネイティブとの会話で、こうしていちいち言葉に詰まっているあいだは、彼らが書いた文章を読みこなすことなど、できるはずがないのです。

　英語のロジックの根本にあるのは、「アイデンティティ」の意識です。「主体」意識と言っても、あるいは「自我」意識と言ってもいいかもしれません。松本道弘先生は、『giveとget』（朝日出版社）の中で、「ロジックの第一歩は自我意識を持つこと」であり、「自分は他人と違うのであるという意識を持つこと」と、端的に述べておられます。

　あるいは、「他者」意識と言い換えてもいいのかもしれません。つまり、自分と他者とは違うアイデンティティを持った別の主体である、という意識です。「自分と他人とはわかり合えない」という、アイデンティティの意識から、英語は出発します。だからこそ、言葉を尽くして、自分の考えを相手（他者）に伝えようとします。

　聖書のヨハネ福音書の冒頭に、「はじめにロゴスあり」と書かれています。「ロゴス」は、「ロジック」の語源であり、「言葉」を意味します。ユダヤ・キリスト教文化圏の人々は、日本人には想像もつかないくらい、言語的説得を大事にします。ましてや、「人種のるつぼ」アメリカで、相互理解のツールとしてはぐくみ育てられた米語は、言葉がすべてです。

これに対して、日本語は「主客一体」です。その「心の習慣」は、前論理的（プレロジカル）な「腹芸」であり、「察し」です。「言わぬが花」というように、日本人のコミュニケーションには、「わざわざ言葉にしなくても、わかってくれるだろう」という「甘え」があります。アメリカ化しているはずの若者においてさえ、「察し」のできない人は、KY（空気読めない）といって、嫌われるほどです。

　たとえば、先日行った回転寿司のレジに、「ただいま千円札が不足しております」という張り紙がありました。日本人なら、「一万円札を出すのはお控えください」という意味だと、すぐに了解するでしょう。また、国道の傍（わき）の茂みに、「道路はみんなの財産です」という立て看板が出ていました。やはり、「ゴミのポイ捨てはやめてください」という意味だとわからない日本人はいないはずです。しかし、これらをそのまま英訳しても、アメリカ人には "So what?"（だから何？）となるだけです。アメリカ人は、しばしば日本人が以心伝心で理解し合う様子を "by telepathy" と形容します。彼らにとって、日本人の「腹芸」や「察し」は、まさに超能力なのです。

　英語コミュニケーションを習得する第一歩は、この「甘え」を捨てることです。**英語を学ぶのなら、何を置いても、ロジックを学ぶことが必要なのです。**

◆「森のロジック」=「三角ロジック」

 ディベートに、「三角ロジック」と呼ばれる考え方があります。これこそが、グローバル言語たる米語の「心の習慣」です。三角ロジックの詳しい解説は、『高校生のための論理思考トレーニング』をお読みいただくとして、ここでは、その要点を簡単にまとめておきましょう。

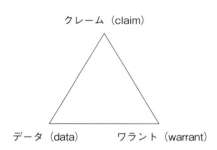

(1) 三角ロジックの3要素
❶ クレーム（claim）：筆者の「主張・意見」（論証責任を伴う）
❷ データ（data）：クレームが正しいことを裏づける事実
❸ ワラント（warrant）：データをあげる根拠

(2) クレームとなるもの

❶ 相対的な形容詞
❷ 助動詞
❸ think, believe, want, hope, wish など、I を主語とする「主観」を表す動詞
❹ 分詞
❺ seem, appear (〜であるようだ) など、推量を表す動詞
❻ メタファー

(3) 三角ロジックの基本的な運用パターン
❶ 第1文がクレームになる場合→演繹型
❷ 最終文がクレームになる場合→帰納型
❸ 第1文・最終文のどちらにも論証責任が含まれている場合は、第1文を優先する→演繹型
❹ 大文字の But で始まる文に論証責任が含まれている場合→反論型

(4) ワラントは省略されることが多い
したがって、事実上、ほとんどの英文はクレームとデータのみによって構成されることになる。

1つのパラグラフには、原則として1つの「イイタイコト」=「クレーム」が含まれています。「演繹型」は、そのクレームを第1文に置くパターン(クレーム

→データ→ワラント）で、英語ではもっともオーソドックスな論理展開です。

「帰納型」は、クレームを最終文に置くパターン（データ→ワラント→クレーム）です。第1文にも最終文にも論証責任が置かれている場合は、第1文を優先し、「演繹型」と判断します。

「反論型」は、本来なら演繹型のバリエーションとして分類すべきなのですが、『高校生のための論理思考トレーニング』では、わかりやすく別の型としました。最初にアンチテーゼ（対立命題）を掲げ、それに反論する形で議論を進めていくパターン（アンチテーゼ→テーゼ→データ→ワラント）です。もちろん、テーゼ（命題）がクレームです。

データは「事実」、ワラントは、そのデータを挙げる「根拠」です。たとえば、「彼は東大に受かるだろう」に対して、「偏差値が90ある」というデータを挙げたとします。ワラントは、「東大の平均偏差値は75だ」でしょう。

もちろん、偏差値が50しかなければ、このデータは使えませんから（データを捏造すれば、いくらでも三角ロジックが成り立ってしまいますが、それは決してしてはならない詭弁です）、他のデータを探します。「Aが合格すると占った」をデータとしましょう。ワラントは？「Aの占いはよく当たる」です。もちろん、この論証を使った場合は、ワラントに「どのように、なぜ

よく当たるのか？」という新しい論証責任が生まれますから、また別にそれを論証しなければならなくなります。

どんなデータでもかまわないのです。根拠（ワラント）のあるデータを挙げることが、論証責任を果たすということなのですね。そして、その限り、そのクレームはひとつの意見として尊重されるということです。

1つの三角ロジックが、1つのパラグラフを形成します。すべての英文は、この構造を持っています。この構造を追いながら、いわば英文全体の主旨を鳥瞰(ちょうかん)することが、「森のロジック」を読み解くことです。

◆「クレームになるもの」あと3つ

『高校生のための論理思考トレーニング』では、「クレームとなるもの」として、❶〜❸を扱いました。同じように、❹〜❻も論証責任をつくります。こうした言葉を口にしたり、文にしたりすると、"How and why?"（どのように、なぜ？）を論証しなければならない責任が生じるということです。

❹の分詞は、もちろん、現在分詞と過去分詞のことです。ただ、分詞ならばすべてが論証責任を生むかというとそうではなく、interesting（おもしろい）、surprising（驚くべき）、moving（感動的な）、promising（前途有望な）、tired（疲れた）、surprised（驚いた）など、「相対的な」意味を持つ場合だけです。ですから、

第1章　いかに読解力を高めるか

sleeping（眠っている）や singing（歌っている）、stolen（盗まれた）や burnt（焼けた）など、単に「事実」を表している場合は、クレームにはなりません。

❻のメタファーは、「隠喩」のことです。比喩には、「隠喩」と「直喩」があります。直喩は、「明喩」ともいい、「〜のような」とか「〜に似ている」などの言葉と一緒に、ある事柄を他のものにたとえる方法です。一方、隠喩は、「〜のよう」という語は使わず、「AはBだ」とたとえる方法です。「暗喩」ともいいます。

直喩がクレームをつくることもなくはありませんが、評論文でクレームになる比喩は、そのほとんどが隠喩（メタファー）です。ちなみに、歌詞のタイトルのほとんどが、メタファーですね。その意味は、歌詞全体を読んで（聴いて）理解することになります。

昭和の歌謡曲のタイトルには、すぐれたメタファーが多いと思います。たとえば、美空ひばりさんの隠れた名曲に、「むらさきの涙」があります。メタファーです。むらさき色の涙など、現実にはあり得ないからです。主人公は女性で、自分の乳房に顔をうずめて泣いている男性の髪を、無心に撫でています。夢からさめた男性にやさしく口づけをし、彼女は彼を見送ります。そして、その後ろ姿を見送りながら、むらさき色の涙を流す、というのです。

正直、僕は、一度聴いただけではよくわからず、数回繰り返してみました。そして、ようやくわかりまし

た。「夜」を擬人化した歌なのだ、と。夜が、傷ついた男性を抱きしめ、癒しているのです。徹夜をしたことがある人なら、わかると思います。夜が極まり、朝に変わる一瞬、空がむらさきに変わります。そのほんの一瞬、葉先からはかなく落ちる朝露が、「むらさきの涙」なのですね。

　このように、メタファーもクレームをつくります。そのメタファーを説明することが、論証責任になるということです。

◆物語文に見られる三角ロジック

　ロジカル・リーディングが「論理的読解」の意味であることから、よく「ロジカル・リーディングは評論文にしか使えない」という誤解を受けることがあります。しかし、論理を「評論」という狭いジャンルに閉じ込めた現代国語ならともかく、英文である以上、もちろん、小説や物語、エッセイも三角ロジックに基づいて書かれています。ロジカルでない英文はないのです。

　たとえば、*Oxford Reading Tree* というイギリスの子供向けのリーディング教材に、*The Laughing Princess* という物語があります。3人の現代っ子が、joke teeth（カスタネットのようにカチカチ音のなるおもちゃの総歯）を持って、タイムスリップしてしまいます。そこで、彼らは王様の「おふれ」を目にします。「笑うことが

第1章　いかに読解力を高めるか

できない娘の王女を笑わせた者には、褒美をとらす」というのです。王様の前に、joke teeth を持った3人の子供達が進み出ます。

> "We can make the princess laugh," said Biff.
> "How?" asked the king.
> The teeth went went click, click, click.
> Everyone laughed and laughed.
> "That will make the princess laugh," said the king.
>
> 【日本語訳】
> 「僕たちがお姫様を笑わせて差し上げます」と、ビフは言いました。
> 「どのようにじゃ」と、王様は尋ねました。
> ビフは、カチ、カチ、カチと、歯を鳴らしました。
> みんな、大笑いしました。
> 「これなら、姫も笑うじゃろう」と、王様は言いました。

このくだりには、次のような三角ロジックがあります。

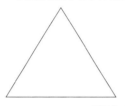

クレーム：お姫様を笑わせることができる。

データ：
おもちゃの歯が鳴るのを見れば、(人は)みんな笑う。

ワラント：
お姫様も人だ。

　ビフの "We can make the princess laugh," がクレームです。もちろん、王様は "How?" と、その論証責任を果たすよう、ビフに求めています。非常に英語らしいやりとりです。データは、ビフがおもちゃの歯を鳴らし、みんなが笑った事実です。それを見て、王様は "That will make the princess laugh," と納得しています。論証責任が、果たされたわけです。ワラントは「お姫様も人だ」ということですが、あたりまえすぎるので、省略されています。

　日本昔話なら、どうでしょう。「私どもにお任せあれ」「ふむ、よきにはからえ」ですんでしまうところではないでしょうか。このように、英文である限り、必ず三角ロジックの構造があるのです。

◆「データ」=「レトリック」

　まとまった英文になったとき、難しいのは、データの読み取りです。『高校生のための論理思考トレーニング』で、データの挙げ方のことを「レトリック」と呼ぶこと、そして、レトリックには、次の8つのパターンがあって、それらが複合的に組み合わせて用いられるということを述べました。

❶　エピソード
❷　列挙
❸　因果関係
❹　引用
❺　定義
❻　時系列
❼　対比・対照
❽　比喩（隠喩・直喩）

　❽の比喩に、戸惑う人もいるかもしれません。比喩は、クレームにもなれば、データにもなります。置かれる場所、用いられる場所によって、相対的な形容詞がクレームになったり、データになったりするのと同じことです。
　さて、どのようなレトリックが用いられるかは、読んでみなければわからないのですが、その強力な手がかりとなるのが、「信号語」です。

【信号語】	
文頭に立つ	等位接続詞（FANBOYS） 副詞・副詞句 序数詞（First, Second, Third...）

　いわゆる「談話標識」とか「ディスコース・マーカー」、「チャンネル・マーカー」などと呼ばれるものです。その名の通り、信号機や道路標識のような役割を果たします。どのようなレトリックを使って、筆者が論証責任を果たそうとしているか、読み手であるわれわれに、道案内してくれるのです。正確には、信号語が文中に置かれることもあるのですが、初心者のうちは、「文頭に立つ」と割り切ってください。等位接続詞や副詞・副詞句、序数詞が文頭に置かれると、信号語になるということです。等位接続詞（FANBOYS）とは、For, And, Nor, But, Or, Yet, So の7つのことです（第2章83ページ参照）。信号語には、△の記号をつけることにします。

　単一パラグラフを使ったロジカル・リーディングの実践は、『高校生のための論理思考トレーニング』をお読みいただくとして、ここでは、4つのパラグラフからなる英文を素材に、その「森のロジック」を読み取ってみることにしましょう。

次の英文を読み、各段落の要旨としてもっとも適切なものを選びなさい。

The solution to the problem of chemical pollution is clear. Governments must forbid the use of chemicals which damage the environment and which threaten animal and human life. But this is difficult for two reasons. First, scientists do not agree about the effects on humans of many chemicals. Second, the chemical industry is extremely powerful and is a very important part of the economy of many countries.

It is difficult to be completely sure that a certain chemical leads to certain health problems. For one thing, its effects appear very slowly, and some types of cancer need twenty years to develop. For the other, scientists who are working for industrial companies doubt the results of the animal experiments. They claim that the animals are exposed to very large amounts of the chemicals. Those amounts are much greater than the amounts which a human absorbs during his or her lifetime.

However, for the independent scientists, complete certainty is not necessary. They claim that if connection is found between a chemical and serious health problems then we must stop the use of the chemical. They think that it is better to ban a chemical which may be safe than to use a chemical which may cause serious illness or death.

But economics is much greater a problem than the scientific disagreement. It is clear that the chemical industry is an important business in many countries. If the government reduces the number of the chemicals which are used today, the chemical industry will face economic problems. Companies will reduce the number of people they employ. If unemployment increases and if the industry earns less money, the economy of the whole country will suffer. If a country's economy is bad, people will blame the government. Consequently, governments may be reluctant to pass laws that will immediately damage their economy. It is this vicious circle that makes the situation go nowhere.

(A) 第1段落

1. 化学物質による公害を解決する方法は明白であるが、その実現を阻む障害が2つある。

2. 科学者たちは化学物質の使用に反対しているが、産業界は賛成している。

3. 公害問題の解決法は、政府が化学物質を使って、環境に害を与えたり、動物や人間の生命を

脅かすことをわれわれがやめさせることである。

(B) 第2段落
 1. 化学物質と病気の因果関係を確定することは難しいが、それには2つの原因がある。
 2. 実験動物がさらされる科学物質の量は、人間が一生の間に吸収する化学物質の量よりもずっと多い。
 3. 化学物質と病気の因果関係を確定することが難しいのは、化学物質の効果か現れるまでに時間がかかるからである。

(C) 第3段落
 1. 化学物質が病気や死の原因であることをはっきりと証明することは難しい。
 2. 病気を引き起こす可能性のある物質を使うより、安全な物質をつくるほうがよい。
 3. 完璧(かんぺき)な証拠が見つからなくても、危険性のある化学物質の使用は禁止すべきだと考える科学者がいる。

(D) 第4段落
 1. 政府というものは一般的に、失業や不景気の原因となり、結果的に悪影響を及ぼす法律を通過させようとはしないものである。

> 2. 化学産業が多くの国において重要な産業であることに疑いはないが、政府はその産業に損害を与える可能性がある法律をつくろうとしている。
> 3. 化学物質の使用禁止が産業界に打撃を与え、失業や不景気をもたらすという経済的問題の方がずっと大きな問題になる可能性がある。

　長文を読む際には、真っ先に、**各段落の頭に丸数字を打つクセ**をつけてください。この作業には、2つの目的があります。1つの目的は、設問に「第〇パラグラフの第〇文」という指示がある場合に備えることです。段落が7つも8つもある長文を読んでいて、設問を見てあわてて第何段落目かを確認していたのでは、あまりに非効率です。もう1つの目的は、三角の数、すなわちクレームの数を確認することです。この長文の場合、段落は全部で4つですから、4つの三角（クレーム）があり、それら4つの三角が、さらに相関関係を持って、1つの大きな三角を形成している、ということなのですね。

　それでは、改めて、長文の論理構造を見ていきましょう。

How and why?

① The solution to the problem of chemical pollution is clear. Governments must forbid the use of chemicals which damage the environment and which threaten animal and human life. **But** this is difficult for two reasons. **First**, scientists do not agree about the effects on humans of many chemicals. **Second**, the chemical industry is extremely powerful and is a very important part of the economy of many countries.

第1パラグラフは「反論型」です。But までがアンチテーゼ（対立命題）、But が置かれた第3文がテーゼ（クレーム）で、論証責任は "How and why difficult?" です。「どのように、なぜ、化学物質の使用を禁止することが難しいのか」。その理由は2つです。First と Second という信号語を使って、「科学者の見解の不一致」と「化学産業が経済に与える影響力」という2つの理由が「列挙」されているのですね。ですから、問（A）の答えは、1. しかありません。

そして、First で挙がった「科学者の見解の不一致」を第2パラグラフと第3パラグラフが、Second で挙がった「化学産業が経済に与える影響力」を第4パラグラフが、それぞれ詳しく論じています。全体の三角構造を示すなら、次の図のようになるでしょう。

英文全体が、第1パラグラフをクレームとする「演

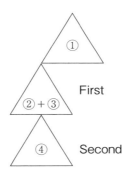

繹型」で、第2パラグラフ・第3パラグラフが1つ目のデータ、第4パラグラフが2つ目のデータです。このように、それぞれのパラグラフが1つの三角構造を持ちながら、それらの三角構造が、さらに全体として大きい三角構造を形成しているわけです。

How and why?

② It is difficult to be completely sure that a certain chemical leads to certain health problems. **For one thing**, its effects appear very slowly, and some types of cancer need twenty years to develop. **For the other**, scientists who are working for industrial companies doubt the results of the animal experiments. They claim that the animals are exposed to very large amounts of the chemicals. Those amounts are much greater than the amounts which a human absorbs during his or her lifetime.

　第 2 パラグラフは「演繹型」で、第 1 文がクレームです。論証責任は "How and why difficult?" ですね。レトリックは、やはり「列挙」です。For one thing で「化学物質の悪影響が出現するまでにかかる時間の長さ」が、For the other で「動物実験の結果を人間にあてはめることはできないとする科学者たちの見解」が挙がっています。For the other のあとには、thing を補って考えてください。もちろん、問（B）の答えは、1. しかありません。

　「なぜ 3. はダメなのか。はっきり第 5 文に書いてあるじゃないか」と思う人もいるでしょう。しかし、ここで問われているのは「要旨」であって、「述べられていること」ではありません。「完璧な証拠が見つからなくても、危険性のある化学物質の使用は禁止すべきだと考える科学者がいる」というのは、あくまで "How and why difficult?" という論証責任を果たすためのデータにすぎないのですね。

　ここで、one と the other の関係について、触れておきます。other に付いた定冠詞の the は、「残りはそれだけ」ということを示しています。つまり、筆者は one（1 つ）に言及したあと、other（他のもの）に言及するわけですが、残りはそれだけですから、全部で 2 つしかありません。これに対して、one と another の

場合は、いくつか（3つ以上）あるうちの「1つ」と「また別の1つ」です。another は an other のことで、the のように残りを限定しているわけではないのですね。

したがって、もし信号語の For the other (thing) が For another (thing) となっていたら、「2つの原因」と解釈することはできなくなります。くれぐれも、気をつけてください。

ちなみに、複数になっても同じです。some と others の関係、some と the others の関係も、the の有無から簡単にわかるはずです。たとえば、some books は「数冊の本」、other books は「また別の数冊の本」で、言及したい本は、ほかにもあるかもしれません。一方、the other books であれば、「残りの本全部」です。

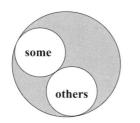
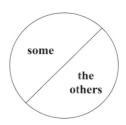

How and why？

③ **However**, for the independent scientists, complete certainty is not necessary. They claim that if connection is found between a chemical and serious health problems then we must stop the use of the chemical. They think that it is better to ban a chemical which may be safe than to use a chemical which may cause serious illness or death.

　第3パラグラフ第1文のHoweverは、第2パラグラフと第3パラグラフが対立関係にあることを示しています。具体的には、第2パラグラフのscientists who are working for industrial companies（企業のために研究する科学者）と第3パラグラフのthe independent scientists（自立した科学者）の対立関係です。「自立した科学者」とは、この文脈では、「企業のために研究しているわけではない科学者」のことですね。この対立関係は、もちろん、第1パラグラフの1点目のデータ（First）を受けたものです。
　このパラグラフも「演繹型」です。クレームは第1文で、論証責任は "How and why not necessary?" ですね。問（C）の答えは、3. でしょう。さて、第1パラグラフや第2パラグラフとは違い、第3パラグラフには、信号語はまったく置かれていません。つまり、レトリックは「同形反復」です（「同形反復」については、『高校生のための論理思考トレーニング』第6章参照）。同じデータを形を変えて反復しているだけです。「第2文＝第3文」の関係が成り立つのですね。
　第3文の意味が、非常にわかりづらいと思います。「深刻な病気や死を引き起こすかもしれない科学物質

| 58 |

を使うより、安全かもしれない化学物質は、禁止したほうがいいと、彼らは考えている」。でも、慌てることはないのです。これは、第2文の同形反復、つまり第2文の内容の繰り返しです。「彼らは、もし化学物質と重篤な健康上の問題のあいだに因果関係が見つかったら、われわれはその物質の使用を止めなければならない、と主張している」——わかるでしょうか。a chemical which may be safe（安全かもしれない化学物質）と a chemical which may cause serious illness or death（深刻な病気や死を引き起こすかもしれない化学物質）は、どちらも要するに「安全かもしれないし、危険かもしれない化学物質」です。つまり、同じものです。グレーなもの（疑わしいもの）なら、使うより、使わないほうがいい、ということなのですね。

How and why?

④ But economics is much greater a problem than the scientific disagreement. It is clear that the chemical industry is an important business in many countries. If the government reduces the number of the chemicals which are used today, the chemical industry will face economic problems. Companies will reduce the number of people they employ. If unemployment increases and if the industry earns less money, the economy of the whole country will suffer. If a country's economy is bad, people will blame the government. **Consequently**, governments may be reluctant to pass laws that will immediately damage their economy. It is this vicious circle that makes the situation go nowhere.

　第4パラグラフも「演繹型」で、第1文がクレームです。論証責任は "How and why greater?" ですから、問（D）の答えは、3. しかないでしょう。greater a problem という語順になっているのは、a greater problem を much で強調しようとしたためです。much は副詞で、そのあとにaは来ることができません。そこで、例外的に greater が先行し、a を後回しにしたのですね。
　第1文に置かれた「逆接」の信号語 But は、第2パラグラフ・第3パラグラフの内容を受けています。『高校生のための論理思考トレーニング』でも説明したように、「否定形」「過去形」「逆接」「仮定法」「比較」の5つは、「反転反復」が起こっていることの目印です。「第2パラグラフ・第3パラグラフ（−）But 第4パラグラフ（＋）」という反転反復になっているわけです。そして、筆者はこの反転反復を、「比較」を使って繰り返しています。「第4パラグラフ（＋）than 第2パラグラフ・第3パラグラフ（−）」です。ですから、than 以下の the scientific disagreement は、もちろん、第2パラグラフと第3パラグラフの対立関係を指しているわけです。仮に、than 以下が空所になっていても、迷わずに埋めることができますね。長文

空所補充は、このように、同形反復と反転反復を使って解いていけばいいのです。

第7文に信号語が置かれています。Consequently（結果として）です。つまり、「因果関係」のレトリックが用いられていることがわかります。「化学産業は、国のきわめて重要な産業であり、化学薬品の使用を規制すると、国の経済が悪化し、ひいては国民が政府を非難することになる。したがって、政府は身動きが取れない悪循環に陥っている」というわけです。

【解答】
(A)—1. (B)—1. (C)—3. (D)—3.
【全訳】
　科学汚染の問題の解決策は明白である。政府は、自然環境を損ない、動物や人間の生命を脅かす化学物質の使用を禁止しなければならない。しかし、2つの理由で、これは困難である。第一に、多くの化学物質の人間への影響について、科学者たちの見解が一致していない。　第二に、化学産業はきわめて強大で、多くの国々の経済の非常に重要な一部である。

　ある化学物質が、ある健康上の問題につながるということを、完全に証明することは難しい。まず、企業のために研究している科学者たちは、動物実験の結果を信じていない。彼らの主張は、実

験動物があまりに大量の化学物質にさらされているというものである。それらの量は、ひとりの人間が生涯において摂取する量よりも、はるかに多いのである。しかし、(企業とは)無関係の科学者にとっては、完全な証明は不要である。彼らは、もし化学物質と重篤な健康上の問題のあいだに因果関係が見つかったら、われわれはその物質の使用を止めなければならない、と主張している。彼らの考えでは、深刻な病気や死を引き起こすかもしれない科学物質を使うより、安全かもしれない(し、安全ではないかもしれない)化学物質は、禁止したほうがいいのである。

　しかし、こうした科学者たちの見解の不一致より、経済のほうがはるかに大きい問題である。多くの国々で、化学産業が重要なビジネスであることは明らかである。政府が今日用いられている化学物質の数を減らせば、化学産業は経済的な問題に直面するだろう。企業は、雇用する人々の数を削減するだろう。失業率が高まり、企業の収益が下がれば、国全体の経済が悪化するだろう。国の経済が悪化すれば、人々は政府を非難するだろう。結果として、政府は、自分の国の経済に直接ダメージを与える法律を成立させることには後ろ向きになる。状況が進んでいかないのは、この悪循環

がゆえなのだ。

◆ワラントの重要性

『高校生のための論理思考トレーニング』でも繰り返し述べているように、ほとんどの英文では、ワラントは読み手とのコンセンサスとして、前提（省略）されてしまっています。

したがって、実際に読み取らなければならないのは、論文を構成しているたった1つのクレームと、それを論証しようとするデータです。しかし、だからこそ、省略されてしまったワラントを補うことができるかどうか——その英文を読むための知的バックグラウンドがあるかないか——が、読解効率を大きく左右します。

よく「全訳を読んでも内容がさっぱりわからない」という人がいます。それは、書き手が前提としているワラントを共有できていないからです。背景知識が決定的に不足しているのです。

議論の内容が高度になればなるほど、データは専門的になり、**何より扱われるテーマについての背景知識（ワラント）が、きわめて重要**になってきます。実は、それこそが、**理数科目や社会科目の勉強**なのです。

『大学受験に強くなる教養講座』（ちくまプリマー新書）で、現代文明を読み解く上での6つの大切なテーマを取り上げ、そのバックグラウンドをわかりやすく

解説しています。ぜひ、一読していただければと思います。

それと同時に、みなさんもさまざまな機会をとらえて、意識的にワラントを補強するよう心がけてください。さまざまな機会と言っても、特別な勉強は必要ないのです。入試で取り上げられる文章は、すべて「現代」をさまざまな角度から切り取って論じたものです。

「現代とはいったいどんな時代なのか」——そのような目で、現代文や小論文で学んだこと、理科や社会で教わったことを、そのまま1つの大きなバックグラウンドとして、つないでいけばいいのです。

みなさんは、どうか英語を英語、現代文を現代文、小論文を小論文、理科社会を理科社会と別々にとらえるのではなく、「**受験勉強**」=「**学問の準備**」という「**ひとつの科目**」として、**有機的につなげて見る目を持ってください**。英語も現代文も、数学も理科も社会も、そして小論文も、すべては西洋由来の「学問」——「論理」を使って読み、書き、聞き、話すこと——のための準備です。そして、それらすべての基礎にあるのがロジックなのだということです。

◆大学入試に速読は要らない

最後に、いわゆる「速読」について、触れておきます。みなさんも、きっとどこかで「大学入試の英語では、大量の長文を読みこなすために、速読ができなけ

ればならない」とか、「入試の英語長文は、左から右へ、返り読みをせずに直読直解できなければ間に合わない」などと言われたことがあるはずです。

「スラッシュ・リーディング」といって、英文のセンスグループ（意味のかたまり）ごとにスラッシュを入れ、「私は行った／動物園に／彼と一緒に／2日前」といった具合に、読み下していく練習をしたことがあるのではないでしょうか。予備校では、もっと具体的に「1分150語」とか「1分200語」と、もっともらしい目標スピードを掲げる参考書や講座まであります。

しかし、よく考えてください。みなさんは日本語のネイティブですが、あらゆる日本語の文章を、二度と返り読みすることなく、上から下へと読み下しているでしょうか。どんな文章でも、変わらず一定のスピードで「速読」できるでしょうか。

ひとくちに日本語の文章と言っても、さまざまです。新聞もあれば雑誌もあります。新聞や雑誌だけでも、硬派なものから芸能スポーツ専門のものまで、ひとくくりにするのは不可能でしょう。また、小説や物語もあれば（現代に限っても、ラノベから、村上春樹や大江健三郎までさまざまです）、評論もあるし、エッセイもあります。エッセイも、タレントが書いたものから難解なものまで、まさにピンキリです。

もしこの世に、「どんな日本語の文章も、同じ読み方で、同じスピードで読んでいる」という日本人がい

たら、ぜひ一度お目にかかってみたいものです。

そもそも、評論や文学は、強靭（きょうじん）な思考を伴う「精読」、あるいは「味読（みどく）」（じっくり時間をかけ、味わって読むこと）を前提として書かれています。書かれた目的が違うのですから、読み方も違って当然です。何より、評論や小説を速読なんてしたら、作者に対して、あまりに失礼です。

英語も同じです。「1分150語」——日本語で考えれば、こんなおかしな話はないのに、なぜ英語なら、あたかもそんな魔法のような方法があると思ってしまえるのか、僕には不思議でならないのです。

そもそも、日本でもっとも長く、抽象的で難解な英文を出題することで知られる慶應大SFC（総合政策学部・環境情報学部）の英文の総語数は、約2500です。もちろん、本文だけではなく、選択肢（英語）も読まなければならないわけですが、それらを含めると、総語数は約3500になります。

ところが、SFCの解答時間は120分です。本文を読み切るだけなら、2500語÷120分で、1分約20語。選択肢を含めても、3500語÷120分で、1分約30語。わかるでしょうか。ゆっくりでいいのです。つまり、大学は、受験生のみなさんに「1分150語」のような猛スピードで読んでほしい、解答してほしいなどとは、まったく望んでいないということです。

ちなみに、一般の英語ネイティブにSFCの長文を

読ませても、直読直解は不可能です（もちろん、できる人もいます。現代文の問題を読み下し、一発で理解できる日本人もいれば、さっぱりわからないという日本人もいるのと同じことです）。試しにアメリカ人の高校生にSFCの問題を解かせてみても、ゆっくりゆっくり、何度も読み返し、迷いながら解答しています。 大学入試に、「速読」は要りません。急いで読む必要などないのです。ネイティブにできないことが、どうして非ネイティブの日本人にできるでしょうか（「直読直解できる」という講師には、初見の難関大入試の英文で、その速読法を披露してもらってください。断言しますが、予習なしには、できないはずです）。

　「英語を英語の語順で読む」と「返り読みをしない」は、必ずしもイコールではありません。「ネイティブのように読む」とは、ただ単純に「返り読みをしない」ということではないのです。「ネイティブのように読む」とは、「ロジカルに読む」ということです。ここまで読み進めてくださったみなさんなら、もう迷うことはないはずです。「ロジカルに読む力」こそ、大学入試で問われている力なのです。

第2章　いかに文法力を高めるか
　　　　──英文法とは「ロジック」の道具である

◆英文法と語法の関係
　第1章では、ロジカル・リーディングの「森のロジック」、すなわちマクロ的な「長文読解」の実際について、お話ししました。第2章では、「木のロジック」、すなわちミクロ的な「一文読解」について、ご説明することにしましょう。

　すでに述べた通り、英語ネイティブの無意識的な思考様式が「三角ロジック」です。「英文法」とは、それを実際に運用するにあたっての道具立てです。日本人が英文法を誤解し、いつまでたっても実用できないのは、英語のルール（森のロジック）を知らずに、道具（木のロジック）を使おうとしているからです。上部の構造と下部の構造が、バラバラになってしまっているから、と言ってもいいでしょう。

　多くの日本人が「英文法」を誤解し、毛嫌いするもう1つの理由は、「英文法」＝「語法」と勘違いしてしまっていることです。語法とは、要は、「文法問題」のことです。

　科学には、「基礎科学」と「応用科学」があります。

「基礎科学」を、英語では basic science と言います。「基礎」とは言っても、「簡単な」という意味ではありません。「無目的的」で「純粋な」科学のことです。ふつう、科学者の関心は「無目的的」です。「何らかの利益を目的としない」という意味だと考えてください。貝殻の美しい模様を見て、「どうしてこんなふうな渦を巻くのだろう」という内発的な関心が、彼を生物学へと向かわせ、「鳥のように空を飛んでみたい」という幼い頃の憧れが、航空学へと向かわせます。それ自体は、経済的利益には結びつかない研究です。科学の「純粋理論」のことと言ってもいいでしょう。ですから、基礎科学は「理論科学」（theoretical science）とも呼ばれます。

一方、基礎科学（理論科学）を実用化し、経済的利益につなげるのが、応用科学です。英語では、applied science と言います。「実用科学」（practical science）とも「テクノロジー」（technology）とも呼ばれます。しかし、基礎科学のしっかりした裏打ちのない応用科学は、某国の○○ミサイルのように、どこに不時着するやらわからない、きわめて危険なものになってしまいます。

「木のロジック」としての英文法こそ、基礎科学にあたるものです。「木のロジック」を応用し、短文空所補充や誤文訂正、整序作文など、具体的な文法問題を解くことが「語法」であり、応用科学にあたります。

ところが、(教師も含む)多くの日本人英語学習者は、「英文法」＝「語法」と誤解して、ただやみくもに語法の問題集を解き、イディオムを暗記することが、英文法学習だと勘違いしてしまっているのです。

◆「木のロジック」＝「読解英文法」
　英語の「木のロジック」のカギは「動詞」です（後述するように、「5文型」とは「動詞の5つの型」のことです）。つまり、英語の語法は、必然的に「動詞の語法」＝「イディオム」とほぼ同義です。したがって、しゃにむにイディオムを暗記すれば、それなりに英語の成績は上がります（学校や予備校の先生が、何はさておき、イディオムの暗記を奨める理由です。近視眼的な模試の成績に直結するからです）。しかし、それは、どこからでも山を必死に登れば、ある程度のところまでは行けるのと同じです。最難関大学という名峰、峻峰を相手にすれば、必ずどこかで行き詰まってしまいます。

　関係詞や仮定法、比較や準動詞など、すべての文法には、ロジックの道具としての明確な「役割」＝「機能」があります。少し勉強の進んだ受験生であれば、「準動詞」には、「不定詞」「動名詞」「分詞」の3つがあることを知っていると思います。では、それら準動詞の「機能」を、即座に説明することができるでしょうか。準動詞とは、いったい何をするための道具なのでしょうか。関係代名詞や関係副詞は、英語を運用す

る上で、どんな「役割」＝「機能」を果たす道具なのでしょうか。それらの問いに答えられないということは、文法を本当の意味で理解できていないということです。

　サッカーのルール（森のロジック）も知らず、道具の使い方や体の動かし方（木のロジック）も知らずに、いかに得点するか（語法）を考えることが、どれほど愚かで無謀なことか、わかってもらえるはずです。「急がば回れ」です。目先の模試の結果など、どうでもいいのです。まずは、「木のロジック」の理解と習得に努めることです。それは、個々バラバラに暗記してきた文法事項に、大きな横串を刺すということであり、「読むための文法」＝「読解英文法」という体系を構築することにほかなりません。

　極端なことを言えば、基礎科学さえしっかりしていれば、それを応用することはとても簡単です。本当の文法理解があれば、語法問題など、とくに対策をしなくても、点が取れるものなのです（また、そうあらねばなりません）。

◆5 文型がすべての基礎
　英語の「木のロジック」のカギは、5文型です。5文型と聞いただけで、嫌悪感をもよおす人もいるでしょう。学校教育の現場で、5文型ほど「宝の持ち腐れ」になっているものはありません。みなさんにも、

きっと覚えがあるはずです。高校に入学するなり、5文型を叩き込まれ、テスト勉強もさせられたのに、ひとたび教科書が受動態や関係詞に入ると、もうひとことも5文型について言わなくなる。あれほどやかましく「5文型、5文型」と言われたはずなのに、いったい何だったのかと、不思議に思った人も少なくないはずです。

　実は、英文がどれほど複雑になろうが、すべて5文型に還元することができます。あれよあれよという間に、5文型におさまっていきます。また、そうでなければ、5文型を正しく理解したとは言えないのです。

◆「5文型」＝「動詞の5つの型」

　まず5文型について、おさらいしておきましょう。

　　第1文型　SV
　　第2文型　SVC
　　第3文型　SVO
　　第4文型　SVOO
　　第5文型　SVOC

　これが、英文の5つのパターンです。英文は、必ず「S＋V」で始まります。これに例外はありません。Sとは「主語」＝「自分」のことです。Vは「動詞」＝「動きを表す語」です。動詞には5つの型があって、

それが5文型を決めます。つまり、英文のいわば「王様」は動詞です。

第1文型と第2文型で用いられる動詞は、「自分だけですむ動詞」で、「自動詞」と呼ばれます。

第1文型

I pray.（私は祈る）
I pray for him.（私は彼のために祈る）

自分（主語）だけですんでいますね。下の文では、him という他者（自分以外のもの）が出てきてはいますが、for という前置詞が、アダプターとなって pray とつないでいます。アダプターなしで、直後に他者をつなぐことはできません。

第2文型

He is a baseball player.（彼は野球の選手だ）

He = a baseball player で、a baseball player は他者（自分以外のもの）ではありません。他者をつないでいるわけではないので、ここでの is は自動詞なのですが、a baseball player に補ってもらわないと意味が成立しませんから、「不完全自動詞」と言います。そして、不完全自動詞を補う語を C（補語）と言います。第2文型のキモは、S = C という「イコール」の関係です。

さて、第3文型から第5文型までをざっと眺めてみて、第1文型と第2文型にはないものがあります。そう、Oです。これを「目的語」と言います。「他者」＝「自分以外のもの」です。必ず直後に他者を取らなければならないという意味で、「他動詞」と呼ばれます。

第3文型

I love you.（私はあなたを愛している）

　I≠you ですね。love という動詞が、I（主語）と you（主語以外のもの）をつないでいます。つまり、第2文型か第3文型かの見極めは、動詞の前後に「イコール」の関係があるかないかで行えばいいのですね。

第4文型

He made me coffee.（彼は私にコーヒーをいれてくれた）

　He≠me ですから、この made は他動詞です。ところが、もう1つ、coffee もOです。このように、2つOを取るのが、第4文型です。
　ただ、第4文型の2つのOには、意味的に優劣があります。「私」と「コーヒー」では、どちらがより重要な情報でしょうか。もちろん、「コーヒー」です。「彼はコーヒーをいれてくれた」で、立派に文が成立

しますが、「彼は私にいれてくれた」では、「何を？」となります。このように、なくてもかまわないほうのO（この場合は me）を IO（間接目的語）、なくてはならないほうのO（この場合は coffee）を DO（直接目的語）と呼んだりします。

第5文型

He made me a pianist.（彼が私をピアニストにしてくれた）

He ≠ me ですから、やはり made は他動詞なのですが、第4文型とは違い、a pianist はもう1つのOではありません。me＝a pianist という関係が成り立っていることがわかるでしょうか。a pianist がなかったら、まったく意味不明になってしまいますね。そこで、第5文型をつくる他動詞を「不完全他動詞」と呼びます。もちろん、不完全他動詞を補う語はC（補語）です。第2文型同様、O＝Cという「イコール」の関係が、第5文型のキモです。

◆第3文型が英語の命

5文型には、まさに英語の「アイデンティティ」の意識が集約されています。すでに述べたように、5文型は、すべて「S＋V」から始まっています。繰り返しますが、「S＋V」で始まらない英語はない、という

ことです。必ず最初にS（主体）を置き、すぐさまV（述語）を置きます。意見を述べるときも、まず"I think"と言ってしまう。何よりも、責任の所在（S）をはっきりさせ、すぐさま「述語」を置いて、「思う」のか「思わない」のか、賛成なのか反対なのかを「述べて」しまいます。

なかでも、第3文型こそ、英語の他者意識を端的に表したものです。松本道弘先生は、『giveとget』の中で、自我意識（自分は一人であるという自覚）に立つ真の個人主義では、その行動原理は「giveとget」になる、と述べておられます。getとは「自由」のこと、giveはそれに伴う「責任」でしょうか。松本先生は、giveを伴うgetこそ、英語コミュニケーションの原点なのだ、とおっしゃいます。そして、「このgive and getというコミュニケーションを更に分解すると、getに凝結される」と。

「S＋get＋O」は、まさに第3文型です。第4文型と第5文型は、この変形にすぎません。『高校生のための論理思考トレーニング』でも取り上げた「富士が見える」を、英語に訳してみましょう。「見る主体」はIですから、まずSとしてIを置きます。述語はseeですね。そして、「見える客体」はMt. Fuji.です。

I see Mt. Fuji.

わかるでしょうか。I が Mt. Fuji を（眼に映る光景として）get しているのです。英語の発言や文は、必ずこの「主体」と「客体」の意識によって貫かれています。

では、「髪を切った」を英語にしてみてください。

I got a haircut.

「I が a haircut を get した」ということですね。もちろん、「お金を払う」という「義務」(give) が前提されています。

では、「彼女に髪を切ってもらった」はどうでしょうか。

I got a haircut from her.

「I が彼女から a haircut を get した」でいいのですね。あるいは、She を S にしたら、どうでしょう。

She got me a haircut.

今度は、第4文型になります。「She が me に a haircut を get してあげた」ということなのですね。

5文型は、1903年に C・T・オニオンズというイギ

リスの言語学者が提唱したもので、現在、5文型を使って英語を教えているのは、日本くらいのようです。そこで、「5文型は時代遅れだ」などという批判が出てくるのですが、僕は、主客を分けない日本人が英語を学ぶためには、5文型はもっともわかりやすく、有効なツールであると感じます。

　たとえば、レストランで「私はカレーにする」というとき、"I am curry."などというブロークン・イングリッシュが飛び出してくるのは、5文型を正しく理解していないからです（"I am curry."は第2文型で、I＝curryになってしまいます。curryは他者なのですから、第3文型にして"I will have [take, get] curry."とか、第4文型で"Will you give me curry?"などと言わなければなりません）。

◆品詞がわからなければ瀕死

　ここまでは、おそらく誰でもわかると思うのです。問題は、1文が長く複雑になった場合です。どんな難解な文でも、英語である以上、5文型によって書かれています。5文型のいずれかに分類できないということは、5文型を体系的・構造的に理解できていないということです。

　さて、5文型を一文読解に生かすためには、「品詞」の理解が必要不可欠です。もちろん、ロジックの道具としては、「時系列」を示す「冠詞」や「代名詞」、「指示語」なども、非常に大切です。

たとえば、51ページの英文（第4段落第1文）に出てくる the scientific disagreement の "the" は、「旧情報」の合図です。scientific disagreement が「すでに述べられた情報」であることを、"the" は示しています。逆に、a scientific disagreement であれば、「まだ述べられていない情報」、「これから述べられる情報」であることが、一目でわかります。"a" は「新情報」の合図なのですね。

　これら「論理指標」としての「品詞」については、『高校生のための論理思考トレーニング』をお読みいただくことにして、ここでは、一文の構造理解、すなわち5文型に必要な品詞だけを取りあげます。「どんなにたくさんあるんだろう」と思われるでしょうか。**実は、「名詞」「形容詞」「副詞」の3つだけです。**

　「名詞」とは、「ものの名前」です。「イヌ」や「ネコ」、「本」など、グループの名前を「一般名詞」、「太陽」や「月」、「地球」など、この世に1つしか存在しないものの名前を「固有名詞」と呼びます。

　「形容詞」は、「名詞を修飾する語」、つまり名詞にかかる言葉です。「美しい絵」の「美しい」、「難しい問題」の「難しい」の部分です。

　最後の「副詞」は、「名詞以外を修飾する語」です。たとえば、「素早く逃げる」の「素早く」が副詞ですね。「逃げる」という動詞にかかっています。あるいは、「非常に難しい」の「非常に」も副詞です。「難し

い」という形容詞にかかっています。このように、副詞は、ほとんどの場合、動詞や形容詞を修飾します。

ただし、副詞はちょっと複雑で、ときに文全体にかかったり、他の副詞にかかったりすることがあります（だんだんわかってきますので、最初のうちは、「動詞や形容詞の修飾語」と考えておいてください）。副詞は、Mと表記されます。Mの特徴は、原則として、自由に動き回ることができるということで、5文型の判別には、まったく影響のない要素です。

<u>I</u> <u>often</u> <u>played</u> <u>in the park</u> <u>as a child</u> <u>with my friends</u>.
Ⓢ　Ⓜ　　Ⓥ　　　Ⓜ　　　　Ⓜ　　　　　Ⓜ

（子供の頃、私はよく友達とその公園で遊んだ）

「私は遊んだ」という第1文型です。often（しばしば）も in the park（公園で）も as a child（子供の頃）も with my friends（友達と）も、すべて played（遊んだ）にかかる M です。

さて、もう一度5文型に戻ります。5文型の各要素は、次のように品詞が定められています。

S　名詞
C　名詞か形容詞（第5文型では動詞がくることもある）

O　名詞
M　副詞

　要するに、ただこれだけです。これさえわかっていれば、どんな複雑な一文でも、すべて5文型に還元できます。逆に、品詞がわからなければ瀕死、ということになるのですが、そのことをこれから詳しくご説明することにしましょう。

◆英文のマトリョーシカ構造

　ロシアの人形に、マトリョーシカがあります。胴体を半分に割ると、中に一回り小さい人形が、さらにその中に一回り小さい人形が……と、内部に何重もの入れ子構造を持った人形です。

　実は、**英文もマトリョーシカと同じ入れ子構造を持っています。**5文型こそ、5種類のマトリョーシカです。どんなに長く複雑な文でも、ひとつひとつ入れ子をしまっていけば、必ず5つのうち、どれかのマトリョーシカに収まります。

　英文をマトリョーシカに見立てると、マトリョーシカ本体が「主節」、入れ子が「従属節」です。「節」とは、SVを含む語のカタマリです。そして、節には、名詞のカタマリとなって働くもの、形容詞のカタマリになって働くもの、副詞のカタマリになって働くものの3つがあります。それぞれ「名詞節」「形容詞節」

「副詞節」と呼びます。それらが、5文型のSになったり、Cになったり、Oになったり、Mになったりする。そうしたマトリョーシカ構造のことを「複文構造」と言います。この**複文構造**さえ見抜ければ、**一文読解**など、まったく怖くないのです。

　問題は、入れ子（従属節）をつくるものです。それは、「従属接続詞」「関係詞」「疑問詞」の3つです。逆に言えば、これら以外のものに、入れ子をつくる「機能」＝「役割」はありません。これら3つは、おおまかに、次のような棲み分けをしています。

　　従属接続詞　→　副詞節（副詞のカタマリ）
　　関係詞　→　形容詞節（形容詞のカタマリ）
　　疑問詞　→　名詞節（名詞のカタマリ）

　本書では、副詞のカタマリは〈　〉、形容詞のカタマリは（　）、名詞のカタマリは［　］でくくることにします。

　以下、ひとつひとつ、見ていきましょう。

◆**従属節をつくるもの1・従属接続詞**
　接続詞とは、「SVとSVを接続させる詞（ことば）」です。ただ、接続詞には、「等位接続詞」と「従属接続詞」の2つがあり、入れ子（従属節）をつくるのは、その名の通り、従属接続詞のほうです。

等位接続詞とは、入れ子をつくるのではなく、マトリョーシカ（主節）とマトリョーシカ（主節）を横に並べていく接続詞だと考えてください。アメリカの小学校では、FANBOYS（ファンボーイズ）と教えられます。「信号語」の説明（第1章49ページ）でも出てきましたが、for, and, nor, but, or, yet, so の7つです。これら以外の接属詞が、従属接続詞ということになります。

　従属接続詞の「機能」＝「役割」は、「副詞節をつくる」ということです。例外は、that, whether, if の3つのみで、これらは名詞のカタマリ（名詞節）もつくります。従属接続詞を使った複文（マトリョーシカ文）を、いくつか挙げてみます。

従属接続詞

❶ My pet theory is that a good singer will be a good speaker of English.

❷ I am glad that I can hear the news.

❸ Though she is gown-up, she is still naive.

❹ You must do it, whether you like it or not.

❺ Whether Shakespeare wrote it or not always remains a secret.

---

❶から見ていきましょう。

❶ My pet theory is [**that** a good singer will be a good
   Ⓢ Ⓥ   Ⓒ
speaker of English].

歌が上手いと英語も上手くなるというのが、私の持論だ。

従属接続詞の that が、a good singer will be a good speaker of English という SV を導いて、1 つの入れ子（従属節）をつくっています。名詞のカタマリ（名詞節）かどうかは、そのカタマリごと取り去ってしまってもいいかどうかで、すぐに判断できます。名詞なら、取り去ってしまうと、S か O か C のいずれかがない不完全文（欠落文）になるはずです。もちろん、この that が導くカタマリを取り去ってしまうと、文が成立しませんね。that 節が名詞のカタマリ（名詞節）として働き、第 2 文型の C になっているわけです。

❷ I am glad ⟨**that** I can hear the news⟩.
  Ⓢ Ⓥ Ⓒ   Ⓜ

その知らせが聞けて嬉しいです。

今度は、that I can hear the news のカタマリごと取り去ってしまっても、この文の文型（第 2 文型）には何の影響もありません。「〜なんて」という「感情の根拠」を表す副詞節をつくっているのですね。

❸ 〈**Though** she is grown-up〉, she is still naive.
　　　　Ⓜ　　　　　　　　　Ⓢ Ⓥ Ⓜ　　Ⓒ

彼女はもう大人なのに、いまだに世間知らずだ。

　もちろん、Though she is grown-up が、1つの副詞のカタマリ（副詞節）になっています。これを取り去っても、この文の文型（第2文型）にはまったく影響がありません。ちなみに、英語の naive は、「能天気な」とか「世間知らずの」という意味です。日本語の「ナイーブ」とは違って、非常にネガティブなニュアンスを持ちます。うかつに使うと、怒られてしまいますので、気をつけてください。

❹ You must do it, 〈**whether** you like it or not〉.
　 Ⓢ　Ⓥ　Ⓞ　　　　　　Ⓜ

好むと好まざるとにかかわらず、あなたはそれをしなければならない。

　やはり、whether you like it or not を取り去ってしまっても、何ら問題なく文型（第3文型）が成立します。副詞節ですね。

❺ [**Whether** Shakespeare wrote it or not] always remains a secret.
　　　　　　　　　Ⓢ　　　　　　　　　Ⓜ　　Ⓥ　Ⓒ

第2章　いかに文法力を高めるか　｜　85

それをシェイクスピアが書いたかどうかは、常に謎のままだ。

Whether Shakespeare wrote it or not は、もちろん取り去ることはできません。名詞のカタマリとして、文のSになっているのですね。「〜かどうかということ」という意味の名詞節をつくっています。この入れ子をしまうと、英文全体は第2文型に収まります。

しつこく繰り返しますが、**従属接続詞の機能は、「副詞節」をつくることです**。ただし、that と whether と if の3つだけは、「名詞節」もつくります。that は「〜ということ」、whether と if は「〜かどうかということ」という名詞節をつくるわけですが、この場合、whether と比べて、if にはできないことが5つあります。それも併せて覚えておきましょう。

---

if で名詞節をつくる際、気をつけるべきこと
❶　S にはなれない
❷　主格補語（第2文型の C）にはなれない
❸　前置詞の目的語節にはなれない
❹　同格節はつくれない
❺　直後に or not は取れない

つまり、名詞節をつくるとき、if には5つの用法上の制約があるということです。逆に、whether には何

の制約もありません。

❶から見ていきます。

Whether he told the truth is doubtful.
*If he told the truth is doubtful.
彼が本当のことを言ったかどうかは、疑わしい。

このように、if 節は主語になれません。このまま「仮S・真S」の「形式主語構文」にしても同じです。

It is doubtful whether he told the truth.

これを It is doubtful if he told the truth. とすると、必然的に if 節は副詞節となって、「もし彼が本当のことを言ったとすると、それは疑わしい」という意味になってしまいます。

❷は、論理的に考えれば、容易に納得いくはずです。Sにはなれない、ということは、第2文型のC（主格補語）にもなれない道理ですね。第2文型は「S＝C」、つまり、第2文型のCは、事実上の主語だからです。

The problem is whether we should back out.
問題は、われわれが手を引くべきかどうかだ。
*The problem is if we should back out.

❸は、次のように前置詞の目的語節をつくる場合です。

I'm interested in whether Americans will like this music.
私は、アメリカ人がこの音楽を好きになるかどうか、興味がある。
＊I'm interested in if Americans will like this music.

❹は、同格節をつくる場合ですね。

The question whether we can raise enough money still remains.
十分な資金を集められるかどうかという問題が、まだ残っている。
＊The question if we can raise enough money still remains.

The question（問題）と whether we can raise enough money（十分な資金を集められるかどうかということ）が同格に並べられています。本来、アダプター（前置詞）を用いずに名詞要素を２つ並べることはタブーなのですが、同格節では例外的に認められています。ちなみに、同格節をつくることができるのは、従属接続詞の that と whether、そして疑問詞のみです。

❺は、"or not" を直後に取る場合ですね。if は "or not" を直後に取ることができません。ただし、離せば OK です。

I can't tell whether or not he will approve.
彼が承認するかどうか、私にはわからない。
*I can't tell if or not he will approve.
I can't tell whether he will approve or not.
I can't tell if he will approve or not.

◆従属節をつくるもの2・関係詞

　関係詞も、従属接続詞と同様、「SVとSVを関係させる詞」であり、従属節をつくります。そのもっとも**重要な「機能」＝「役割」は、「形容詞節をつくる」**ということです。形容詞節は、従属接続詞や疑問詞につくることはできません。形容詞節を導くのは、いわば関係詞の専権事項であり、独占市場です。

　ややこしいのは、「複合形」＝「関係詞＋ever」です。関係代名詞にeverがつくと「複合関係代名詞」、関係副詞にeverがつくと「複合関係副詞」、関係形容詞にeverがつくと「複合関係形容詞」です。これら**複合形のもっとも大事なポイントは、「形容詞節だけはつくらない」**ということです。ちょうど、鳥の翼のように、everがつくと、関係詞は本来の機能（形容詞節をつくる）を忘れ、他のカタマリ（名詞節か副詞節）をつくってしまうのです。

　関係詞には6つの種類があり、かなりの大所帯です。まず、例文を挙げておきます。

関係詞

A 関係代名詞

❶ I saw a woman who wore a fur coat in the summer heat.

❷ I saw a woman, who wore a fur coat in the summer heat.

❸ Bob usually forgets to bring his textbooks, which makes him late for school.

❹ She is not the ideal homemaker that his former wife was.

❺ They suspected him of being a spy, which he was.

❻ He used a technical term whose meaning I didn't understand.

❼ The man with whom Jane is talking is Dr. James.

❽ What surprised me most was that she didn't seem to care.

B 関係副詞

❾ Now is the time when we must make a decision.
Now is when we must make a decision.

❿ This is a place where people can chat and exchange ideas.
This is where people can chat and exchange ideas.

⓫ Tell me the reason why you are quitting your job.
Tell me why you are quitting your job.

⓬ *This is the way how he was rescued from the fire.
This is the way he was rescued from the fire.
This is how he was rescued from the fire.

C　関係形容詞

⓭ I got a letter in French, which language I can't read.

⓮ He collected what information he could find.

D　複合関係代名詞

⓯ We will welcome whoever wants to participate in the contest.

⓰ Whoever may want to participate in the contest, he needs to get a medical check-up.
No matter who may want to participate in the contest, he needs to get a medical check-up.

⓱ You may invite whomever you like.

⓲ Whomever you like, you should be fair.
No matter whom you like, you should be fair.

⓳ Whatever happens in the stock market affects the finances of our company.

⓴ Stay calm whatever happens in the stock market.
Stay calm no matter what happens in the stock market.

E　複合関係副詞

㉑ Whenever you invite her to lunch, she doesn't say "Yes."

No matter when you invite her to lunch, she doesn't say "Yes."

㉒ Wherever you may go, remember that I'll always be with you.

No matter where you may go, remember that I'll always be with you.

F 複合関係形容詞

㉓ Choose whichever course you like.

㉔ Whichever course you may choose, it will be a piece of cake.

No matter which course you may choose, it will be a piece of cake.

㉕ He eats whatever food his wife cooks.

㉖ Whatever food his wife cooks, he never complains.

No matter what food his wife cooks, he never complains.

A 関係代名詞

まずは、関係代名詞からです。

❶ I saw a woman (**who** wore a fur coat in the summer heat).
　 Ⓢ Ⓥ　　　　　　　　　　　Ⓞ

私は、夏の暑さの中で毛皮のコートを着ている女

性を見かけた。

これは、もともと次の2つの文を、関係詞を使ってつないだものです。

(A) I saw a woman.
　　私は女性を見かけた。
(B) She wore a fur coat in the summer heat.
　　彼女は、夏の暑さの中で、毛皮のコートを着ていた。

(A) の a woman と (B) の She が重複しています。そこで、She を関係詞に変えてつないだわけです。「関係代名詞」というのは、「代名詞を関係詞として使う」という意味であって、関係代名詞だから名詞節などと、決して短絡的に考えてはなりません。関係詞の機能は、「形容詞節をつくること」です。❶は、文全体で第3文型をつくっています。

❷ I saw a woman, (**who wore a fur coat in the summer heat**).
　　Ⓢ　Ⓥ　　Ⓞ

私はひとりの女性を見かけたが、その女性は、夏の暑さの中で毛皮のコートを着ていた。

❶とまったく同じ文構造（第3文型）ですが、関係代名詞の前にコンマが置かれています。この用法を「非制限用法」と呼びます。関係代名詞に限らず、英語の形容詞句や形容詞節は、放っておくと、意味が前にかかってしまいます。意味を制限するのですから、「制限用法」です。もし、意味の制限を止めたいときは、コンマを置きます。そうすれば、コンマが壁になって、意味の制限をブロックしてくれるわけです。それで、「非制限用法」と呼ぶのですね。「そして〜」とか「しかし〜」というふうに、継続的に訳すことになるので、「継続用法」とも呼ばれます。

少し約束事が続くので、イヤになってしまうかもしれませんが、必要最低限の約束事です。ここをゆるがせにしてはなりません。

❸ Bob usually forgets to bring his textbooks, (which makes him late for school).
　　Ⓢ　　Ⓜ　　Ⓥ　　　　　Ⓞ

ボブはいつも教科書を持っていくことを忘れ、そのため学校に遅刻する。

関係代名詞を使っている以上、形容詞節です。ただ、この which の先行詞は「前文」であって、his textbooks ではありません。もし his textbooks を受けているのなら、三人称単数の s はつかずに、make となる

はずですからね。文全体では、第3文型です。このように関係代名詞の which が前文を受ける場合は、非制限用法（継続用法）に限られます。

❹ She is not the ideal homemaker (**that** his former wife was).
　S　Ⓥ　　　　　　Ⓒ

彼女は、彼の前の奥さんがそうであった理想的な主婦ではない。

やはり that his former wife was が形容詞のカタマリとなって、the ideal homemaker にかかっています。この入れ子をしまうと、文全体は第2文型になります。元の2文に割ると、こうですね。

（A） She is not the ideal homemaker.
　　 彼女は、理想的な主婦ではない。
（B） His former wife was the ideal homemaker.
　　 彼の前の奥さんは、理想的な主婦だった。

（A）（B）には、the ideal homemaker という重複する名詞があります。そこで、（B）の the ideal homemaker を関係代名詞に変え、つないだわけです。ここで気をつけてほしいのは、主格補語すなわち「第2文型のC」が、関係代名詞になっているということです。こ

のように、主格補語になっている名詞を関係代名詞に変える場合、制限用法では that しか使えません。

❺ They suspected him of being a spy, (**which** he was).
　　Ⓢ　　Ⓥ　　　Ⓞ　　　　Ⓜ

彼らは、彼がスパイではないかと疑ったが、実際にそうだった。

第3文型です。コンマが置かれた非制限用法（継続用法）ですが、which の後ろをみてください。he was に続く C が欠落しています。主格補語の名詞が関係代名詞になる場合、非制限用法（継続用法）では、which になることにも気をつけてください。先行詞が人称（人）でも非人称（人以外）でも、which のみです。

❻ He used a technical term (**whose** meaning I didn't understand).
　　Ⓢ　Ⓥ　　　　Ⓞ

彼は、私には意味がわからない専門用語を使った。

元の2文に割ってみます。

（A）He used a technical term.
　　 彼は専門用語を使った。
（B）I didn't understand its meaning.

私には、その意味がわからなかった。

（A）の a technical term と（B）の its が重複しています。この its を所有格の関係代名詞 whose に変えてつないでいるのですね。所有格の代名詞は単独では使えませんから、meaning ごと前に出たわけです。文全体では、第3文型です。

❼ The man (**with whom** Jane is talking) is Dr. James.
　　　　Ⓢ　　　　　　　　　　　　　Ⓥ　　Ⓒ

ジェーンが話している男性が、ジェイムズ博士だ。

文全体は第2文型です。もとの2文に割ると、こうです。

（A）The man is Dr. James.
　　　その男性は、ジェイムズ博士だ。
（B）Jane is talking with him.
　　　ジェーンは、彼と話している。

（A）の The man と（B）の him が重複しています。そこで、him を whom に変えますが、「前置詞＋関係代名詞」となる場合は、それごと前に出してもかまいませんし、前置詞はそこに残したまま、関係代名詞だけを前に出してもかまいません。関係代名詞だけを前

第2章　いかに文法力を高めるか

に出せば、こうなりますね。

The man (**whom** Jane is talking with) is Dr. James.

意味も文構造も、まったく同じです。

❽ [**What** surprised me most] was [that she didn't seem to care].
　　　　　Ⓢ　　　　　　　　Ⓥ　　　　Ⓒ

私をもっとも驚かせたのは、彼女が心配していない様子だということだった。

関係代名詞の機能は、形容詞節をつくることですが、what だけは名詞節をつくります。「〜するところのもの、こと」という意味で、2 語なら that which、3 語なら the thing which で置き換えることができます。先行詞を含んでしまった関係代名詞です。この文には、入れ子が 2 つありますね。関係代名詞の what が S をつくり、従属接続詞の that が C をつくっています。これら 2 つの入れ子をしまうと、文全体は第 2 文型になります。

B 関係副詞

❾ Now is the time (**when** we must make a decision).
　 Ⓢ　Ⓥ　　　　　　　　　　Ⓒ

$\underline{\text{Now}}_{\text{S}}$ $\underline{\text{is}}_{\text{V}}$ [**when** $\underline{\text{we must make a decision}}_{\text{C}}$].

今こそ、決断を下さなければならないときだ。

「関係副詞」は「副詞を関係詞に使う」という意味です。関係詞である以上、形容詞節をつくります。くれぐれも、関係副詞だから副詞節などと考えないようにしてください。❾を2文に割ってみます。

（A）Now is the time.
今が時だ。
（B）We must make a decision at the time.
われわれは、その時に決断を下さなければならない。

関係副詞では、関係代名詞よりもやや広く、at the time の部分に目をつけます。この副詞要素を when に変えて、2文をつないでいるわけです。この入れ子をしまえば、もちろん第2文型になりますね。

また、関係副詞を用いる場合、関係副詞を省略することも、先行詞を省略することもできます。先行詞を省略すると、関係副詞は名詞節をつくります。

❿ $\underline{\text{This}}_{\text{S}}$ $\underline{\text{is}}_{\text{V}}$ $\underline{\text{a place}}_{\text{C}}$ (**where** people can chat and exchange

第2章　いかに文法力を高めるか

ideas).
This is [**where** people can chat and exchange ideas].
　Ⓢ Ⓥ　　　　　　　　　Ⓒ

ここは、おしゃべりをして意見交換をする場所だ。

　いずれも、第2文型です。ここでも、at the place（その場所で）という副詞要素を関係副詞の where に変えて、つないでいることがわかると思います。もちろん形容詞節をつくっているのですが、先行詞を省略すると、名詞節になります。

❶ Tell me the reason (**why** you are quitting your job).
　　Ⓥ Ⓞ　　Ⓞ　　　　　　　　Ⓞ
　Tell me [**why** you are quitting your job].
　　Ⓥ Ⓞ　　　　　　　　Ⓞ

あなたが仕事を辞めようとしている理由を聞かせてくれ。

　どちらも第4文型ですね。今度は、for the reason（その理由で）という副詞要素を why にしてつないでいます。先行詞を省くと、名詞節になることを確認してください。

❷ *This is the way **how** he was rescued from the fire.
　This is the way (he was rescued from the fire).
　Ⓢ Ⓥ　　　　　　　　　Ⓒ

This is [**how** he was rescued from the fire].
 ⓢ ⓥ   ⓒ

このようにして、彼は火事から救出された。

　いずれも、第 2 文型です。in the way（そのように）を how で受けていることがわかりますね。ただ、他の関係副詞とは違い、"the way how" だけは、並べてはいけないことになっています。つまり、必ずどちらかを省略しなければなりません。

C 関係形容詞

❸ I got a letter in French,(**which language** I can't read).
　 ⓢ ⓥ　　　ⓞ

私はフランス語の手紙をもらったが、私はその言葉を読めない。

　「関係形容詞」は、もちろん「形容詞を関係詞に使う」ということです。しかし、形容詞ならなんでもいいというわけではありません。❸を 2 文に割ってみます。

（A）I got a letter in French.
　　　私は、フランス語の手紙をもらった。
（B）I can't read the language.
　　　私は、その言葉を読めない。

第 2 章　いかに文法力を高めるか

（A）の French と（B）の the language が重複しています。関係代名詞なら the language を which にしてしまうところですが、関係形容詞では the に注目します。この the を which に変えて、つなぐのです。

実は、冠詞も形容詞の一種です。関係形容詞は「定冠詞」の the に代わります。ですから、正しくは「関係定冠詞」と呼ぶべきなのかもしれません。所有格の関係代名詞（whose）と同様、the だけを単独では使えませんから、which language ごと前に出したわけですね。関係詞なのですから、もちろん形容詞節をつくります。文全体は第 3 文型です。

❹ He collected [**what information** he could find].
　S　　V　　　　　　　　　O

彼は見つけられる情報はすべて集めた。

関係形容詞には、もう 1 つ、what があります。関係代名詞の what と同じように、例外的に名詞節をつくります。これは "all the" に代わります。つまり、what information he could find は all the information he could find ということです。名詞のカタマリになって、第 3 文型の O になっていますね。

D 複合関係代名詞

さあ、ここからは「複合形」です。関係詞に ever

102

がついた形なのですが、すでに述べたように、「複合関係詞」のもっとも重要なポイントは、「形容詞節だけはつくらない」ということです。まず、複合関係代名詞（関係代名詞＋ever）は、名詞節か副詞節をつくります。

❻ We will welcome [**whoever** wants to participate in the contest].
　S　　V

このコンテストに参加したい人なら誰でも歓迎だ。

ever がついた複合形である以上、形容詞節だけはあり得ません。名節節か副詞節かの判別は、そのカタマリごと取り去ってしまっていいかどうかで、つければいいのでしたね。whoever wants to participate in the contest を取り去ってしまうと、第3文型の O が欠けてしまいます。もちろん、名詞節です。複合関係詞は、関係詞本来の機能を忘れて、「形容詞節だけはつくらない」ことに加えて、「誰でも」「どこでも」「いつでも」というふうに、「譲歩的」な意味になることも覚えておきましょう。

❼ 〈**Whoever** may want to participate in the contest〉,
　　　　　　　　　　　　　　　　　　　　　　　Ⓜ
he needs to get a medical check-up.
S　　V　　　　　O

誰がこのコンテストに参加したいといっても、健

康診断を受ける必要がある。

⟨**No matter who** may want to participate in the contest⟩, he needs to get a medical check-up.
　　Ⓢ　Ⓥ　　　Ⓞ
　　　　　　Ⓜ

今度は、Whoever may want to participate in the contest ごと取り去ってしまっても、第3文型が成り立ちます。文構造に何の影響もないということは、副詞節です。

また、複合関係代名詞が副詞節をつくるときだけ、"no matter＋関係代名詞"で書き換えることができます。また、その副詞節の中では、しばしばmayが使われます（このmay自体には、とくに意味はなく、譲歩節の中で使われるため、「譲歩のmay」と呼ばれます。mayを用いずに、Whoever wants to participate in the contestとしてもかまいません）。ですから、no matterで始まる節や、mayが用いられている複合関係詞節は、機械的に副詞節だと判断できるわけです。

❶ You may invite [**whomever** you like].
　Ⓢ　Ⓥ　　　　　　Ⓞ

あなたは、誰でも好きな人を招待してよい。

whomever you likeが名詞のカタマリ（名詞節）となって、第3文型のOになっています。

❶⓼ 〈**Whomever** you like〉, you should be fair.
　　　Ⓜ　　　　　　　Ⓢ　Ⓥ　Ⓒ

誰を好きでも、あなたは公平にしなければならない。

〈**No matter whom** you like〉, you should be fair.
　　　　Ⓜ　　　　　　　Ⓢ　Ⓥ　Ⓒ

⓼とまったく同じ whomever you like が、今度は副詞のカタマリ（副詞節）になっています。このカタマリごと取り去っても、第2文型が成立しますね。副詞節ですから、"no matter + 関係詞" で書き換えることも、「譲歩の may」を使うこともできます。

　気をつけてほしいのは、ここで whoever を使ってしまいやすいということです。複合関係詞を使う場合は、いったん ever を外して考えます。続く右側を見てください。you like の O が欠けていますね。使うべき関係代名詞は、whom（人称の目的格）であるはずです。したがって、複合形もそれに ever をつければいいのです。

⓵⓽ [**Whatever** happens in the stock market] affects the
　　　　　　　Ⓢ　　　　　　　　　　　　　　　Ⓥ
finances of our company.
　　　Ⓞ

株式市場で起こることは何でも、われわれの会社の財務に影響する。

whatever happens in the stock market が、名詞のカタマリ（名詞節）となって、第3文型のSになっています。

⓴ <u>Stay</u> <u>calm</u> ⟨**whatever** happens in the stock market⟩.
　　Ⓥ　Ⓒ　　　　　　　　　　　　　　Ⓜ

株式市場で何が起こっても、落ち着いていなさい。

<u>Stay</u> <u>calm</u> ⟨**no matter what** happens in the stock market⟩.
Ⓥ　Ⓒ　　　　　　　　　　　　　　Ⓜ

主節は命令文ですから、主語の You が省略されています。第2文型で、whatever が譲歩の副詞節をつくっているのですね。"no matter what" で書き換えてよいことも、「譲歩の may」を使ってよいことも同じです。

E 複合関係副詞

複合関係副詞は、とても簡単です。副詞節のみをつくります。ですから、ever を取って関係副詞である場合は、機械的に副詞節だと判断できます。複合関係代名詞と同様、"no matter ＋関係副詞" に書き換えることも、「譲歩の may」を使うこともできます。

㉑ ⟨**Whenever** you invite her to lunch⟩, she doesn't say
　　　　　　　　　　　Ⓜ　　　　　　　　　　Ⓢ　　　Ⓥ
"Yes.".
Ⓞ

いつランチに誘っても、彼女は「うん」と言わない。
⟨**No matter when** you invite her to lunch⟩, she doesn't say "Yes."
　　　　　　　　　Ⓜ　　　　　　　　　　　　Ⓢ　Ⓥ
　　　　　Ⓞ

　Whenever you invite her to lunch は複合関係副詞節ですから、副詞節以外に使いようがありません。第3文型のMになっています。もちろん、「譲歩のmay」を使うことも可能です。

㉒ ⟨**Wherever** you may go⟩, remember [that I'll always be with you].
　　　　　　Ⓜ　　　　　　　　Ⓥ　　　　　Ⓞ

あなたがどこに行こうが、いつも私はあなたの味方だということを覚えていて。
⟨**No matter where** you may go⟩, remember [that I'll always be with you].
　　　　　　Ⓜ　　　　　　　　　　Ⓥ　　　　　Ⓞ

　全体は第3文型です。命令文ですから、SのYouが省略されています。従属接続詞のthatが名詞のカタマリ（名詞節）をつくって、rememberのOになっているのですね。Wherever you may go は、もちろん副詞のカタマリ（副詞節）になっています。「譲歩のmay」を使わず、単に Wherever you go としてもかまいません。

第2章　いかに文法力を高めるか

F 複合関係形容詞

 関係詞の最後は、複合関係形容詞です。関係形容詞は which と what の 2 つでした。定冠詞の the に代わる which は形容詞節、all the に代わる what は名詞節をつくるのでしたが、これらに ever がついて複合形になると、仲良く「名詞節」か「副詞節」のどちらかをつくるようになります。複合形になると、「形容詞節だけはつくらない」。このことを忘れないでください。

❷ Choose [**whichever course** you like].
　　　Ⓥ　　　　　　　Ⓞ

　どちらでも好きなコースを選びなさい。

 whichever が複合関係代名詞なのか複合関係形容詞なのかは、いったん ever を外してみるとわかります。"which course" ―― もちろん、この which は形容詞ですね。名詞の直前、すなわち形容詞の場所に置かれています（冠詞も形容詞です）。複合関係形容詞が、名詞のカタマリ（名詞節）をつくって、第 3 文型の O になっているわけです。

❷ 〈**Whichever course** you may choose〉, it will be a
　　　　　　　Ⓜ　　　　　　　　　　Ⓢ　Ⓥ
piece of cake.
　Ⓒ

　どちらのコースを選んでも、楽勝さ。

⟨**No matter which course** you may choose⟩, it will be
　　　　　　Ⓜ　　　　　　　　　　　　Ⓢ　Ⓥ
a piece of cake.
　　Ⓒ

　Whichever course you may choose が副詞のカタマリ（副詞節）をつくり、全体（第2文型）のMになっています。a piece of cake は「朝飯前」という意味の口語です。

❷❺ He eats [**whatever food** his wife cooks].
　　Ⓢ Ⓥ　　　　　　　　　Ⓞ

　彼は奥さんが作るどんな料理でも食べる。

　ever を外すと、what food——関係形容詞です。もともと関係形容詞の what には、all the の意味があり、複合形にしても大差はないのですが、「どんな〜でも」と、譲歩的になります。whatever food his wife cooks が名詞のカタマリ（名詞節）をつくり、第3文型のOになっていますね。

❷❻ ⟨**Whatever food** his wife cooks⟩, he never complains.
　　　　　　　　　Ⓢ　　　　　　　　Ⓢ　　Ⓥ

　奥さんがどんな料理を作っても、彼は文句を言わない。

第2章　いかに文法力を高めるか

⟨**No matter what** food his wife cooks⟩, he never complains.
　　　　　Ⓜ　　　　　　　　　　　　Ⓢ　　　Ⓥ

　MSVの第1文型です。今度は、副詞のカタマリ（副詞節）をつくり、Mになっています。副詞節をつくる場合は、"no matter＋関係詞"で書き換えてよいことも、しばしば「譲歩の may」が用いられることも、他の複合形と同じです。

◆従属節をつくるもの3・疑問詞
　最後の**疑問詞**は、名詞のカタマリ（名詞節）だけをつくります。疑問詞とは、いわゆる5W1H（who, where, when, what, which, how）の6つです。これらが文中に出てきたら、「ああ、名詞のカタマリをつくっているんだな」と思えばいいわけです。

疑問詞
　❶ When he comes is always unpredictable.
　❷ Most Japanese know where Sakamoto Ryoma was born.

---

❶ [**When** he comes] is always unpredictable.
　　　Ⓢ　　　　　　　Ⓥ　Ⓜ　　Ⓒ
　彼がいつ来るかは、常に予測不可能である。

110

疑問詞（when）が導く節が名詞のカタマリ（名詞節）をつくり、第2文型のSになっています。

❷ <u>Most Japanese</u> <u>know</u> [<u>where Sakamoto Ryoma was born</u>].
　　　Ⓢ　　　　　Ⓥ　　　　　　　　Ⓞ

ほとんどの日本人は、坂本龍馬がどこで生まれたか知っている。

where Sakamoto Ryoma was born が、名詞のカタマリ（名詞節）をつくっています。第3文型のOになっているのですね。

ここで、あることに気がついている人もいるでしょう。そう、「疑問詞節」は「先行詞を省略した関係副詞」とまったく同じ形になってしまうのです。たとえば、上の❷も、次の関係副詞節の先行詞を省略した形だと考えることができます。

Most Japanese know the place (**where** Sakamoto Ryoma was born).

↓

Most Japanese know　省略　[**where** Sakamoto Ryoma was born].

疑問詞なら「坂本龍馬がどこで生まれたか」となり

第2章　いかに文法力を高めるか

ますし、関係副詞なら「坂本龍馬が生まれた場所」となります。形が同じである以上、どちらで訳しても間違いではありません。

◆最後に、練習問題を1つ

　以上が、一文解釈を困難にする英文の「複文構造」＝「マトリョーシカ構造」のすべてです。これで、「英文解釈」という、ひとつの「家」のおおまかな骨組みが完成したことになります。

　では、ここで、ここまでの説明が本当に理解できたかどうか、問題を出してみることにしましょう。次の英文の複文構造を考え、日本語に訳してみてください。

Where there is a will, there is a way.

　「この where は何か？」と問われると、よほど優秀な受験生でも、「関係副詞」とか「疑問詞」と答えてしまいます。もちろん、違いますよね。この where there is a will は、取り去ってしまっても、何の問題もありません。そう、副詞のカタマリ（副詞節）になっているのです。関係副詞も疑問詞も、副詞節をつくることはできません。つまり、この where は「従属接続詞」だということです。その「形」＝「機能」から、「接続詞だ！」と見抜き、そこで辞書を引いてはじめて、意味のある勉強になるのです。

⟨**Where** there is a will⟩, there is a way.
　　　Ⓜ️　　　　　　　　Ⓜ️ Ⓥ Ⓢ

意志のあるところには、道がある(精神一到何事か成らざらん)。

There is 構文は、there (M) が文頭に出た倒置で、MVS という第1文型になります。このように、**英文は「意味」からではなく、「形」＝「機能」から読んでいくことが、とても大事**です。そのためには、まず品詞を理解しなければなりません。品詞を理解しなければ瀕死、ということになるのです。

最後に、英文の複文構造（マトリョーシカ構造）を一覧にして、まとめておきます。折に触れては、この一覧を参照し、「思い出さずに忘れずに」、無意識のうちに判別ができるようになるまで、修練を続けてください。

複文構造一覧

❶　従属接続詞　→　〈副詞節〉または［名詞節］

＊［名詞節］もつくることができるのは、that と whether と if の 3 つのみ

❷　関係詞　→　原則として（形容詞節）

　A．関係代名詞
　　　what のみ［名詞節］

第 2 章　いかに文法力を高めるか

B. 関係副詞
先行詞あり→（形容詞節）
先行詞なし→［名詞節］
C. 関係形容詞
which（the に代わる）→（形容詞節）
what（all the に代わる）→［名詞節］
D. 複合関係代名詞（関係代名詞＋ever）
→［名詞節］または〈副詞節〉
　＊〈副詞節〉のみ no matter＋関係代名詞で書き換え可能
E. 複合関係副詞（関係副詞＋ever）→〈副詞節〉
　＊ no matter＋関係副詞で書き換え可能
F. 複合関係形容詞（関係形容詞＋ever）→［名詞節］または〈副詞節〉
　＊〈副詞節〉のみ no matter＋関係代名詞で書き換え可能

❸ 疑問詞→［名詞節］

◆「句」をつくるのは「準動詞」

さて、名詞や形容詞、副詞のカタマリとして働くものに、もう1つ「句」があります。「句」も、「節」同様、「語のカタマリ」なのですが、「節」とは違って、SVを含みません。つまり、「節」＝「SVを含む語の

カタマリ」、「句」=「SVを含まない語のカタマリ」ということです。

もう一度、80ページの英文を見てください。

I often played in the park as a child with my friends.

in the park, as a child, with my friends が「副詞句」です。副詞のカタマリとして働いていますが、SV は含まれていません。このように、前置詞が「形容詞句」や「副詞句」をつくることがあります。

しかし、何と言っても、英文の中で「名詞句」「形容詞句」「副詞句」をつくるのは、「準動詞」です。準動詞は、「不定詞」「動名詞」「分詞」の総称です。

1. My dream is [**to be** a J. league player].
   ⓢ Ⓥ   Ⓒ

   僕の夢は、Jリーグのプレイヤーになることだ。

2. I want something (**to drink**).
   ⓢ Ⓥ   Ⓞ

   何か飲むものがほしい。

3. [**Mastering** a foreign language] takes a lot of efforts.
   　　　　　　ⓢ　　　　　　　　　　　Ⓥ　　　Ⓞ

   外国語を習得するには、大変な努力が要る。

4. ⟨**Getting a red card**⟩, he was thrown out of the game.
        (M)   (S)   (V)   (M)

レッドカードをくらい、彼は退場させられた。

1. では to be a J. league player という不定詞が名詞のカタマリ（名詞句）となって、文の C になっています。

2. の to drink も不定詞ですが、今度は something にかかる形容詞のカタマリ（形容詞句）になっています。

3. の Mastering a foreign language は動名詞です。名詞のカタマリ（名詞句）として、文の S になっています。

4. の Getting a red card は分詞で、副詞のカタマリ（副詞句）になっていることがわかるはずです。ちなみに、was thrown は受動態ですが、受動態で用いられる be 動詞は助動詞です。したがって、was thrown が V となります。

◆準動詞は「SV 崩し」の道具

実は、準動詞の構造的な「機能」=「役割」は「SV 崩し」です。つまり、「節」を「句」に変えるための道具が、「準動詞」だということです。

準動詞の機能を一覧にすると、次のようになります。

	名詞的用法	形容詞的用法	副詞的用法
不定詞（to *do*）	○	○	○
動名詞（〜ing）	○	×	×
分詞（〜ing）	×	○	○

　「名詞的用法」とは、「名詞節を名詞句に変える用法」ということです。同じように、「形容詞的用法」は「形容詞節を形容詞句に変える用法」、「副詞的用法」は「副詞節を副詞句に変える用法」ということなのですね。

◆不定詞はオールマイティー

　論より証拠、実際に準動詞を使って「SV崩し」の作業をしてみることにしましょう。まずは、不定詞です。先ほどの一覧を見てもわかるように、不定詞は、すべての用法を持つ、オールマイティーの準動詞です。

I hope that　I　can　　see　　you someday.
　　↓　　↓　↓　　　↓
I hope　×　×　×　**to see**　you someday.

　that I can see you という名詞節を名詞句に変えます。狙うのは、文の「王様」、つまり文を文ならしめている動詞です（5文型とは「動詞の5つの型」のことです）。

文の「王様」である動詞を討ち取り、動詞から降格させる（準動詞にする）ことによって、節を句に変えるというのが、準動詞による「SV崩し」の発想です。

seeを不定詞に変えて、to seeとします。これで、不定詞による「SV崩し」はほぼ完了で、あとは、事後処理だけです。seeがto seeに変わったことによって、助動詞のcanが消え（助動詞はあくまで動詞を助けるものであって、不定詞を助けるものではありません）、当然、接続詞のthatも消えます（SVが崩れてしまったのですから、接続詞はもはやお役御免です）。

準動詞には「意味上のS」という考え方があって、「崩そうとする従属節のS」と「主節のS」が異なる場合、不定詞ならば、原則として"for＋目的格"で、その直前に明示しなければなりません。しかし、この文では、どちらもIですので、「意味上のS」を置く必要はありませんね。

こうして、まったくSVOの構造も意味も変えることなく、複文（SVがいくつかあるマトリョーシカ文）を単文（SVが1つだけの文）に変えることができました。どちらも、「いつかあなたに会いたい」という意味です。

次の文は、どうでしょう。

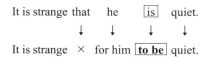

　いわゆる「仮S・真S」の「形式主語構文」ですね。本当は、that he is quiet の名詞節がSなのですが、これを文頭に置くと、頭でっかちになってしまうため（もちろん、文頭に置いておいても、まったく問題ありません）、形式的に It を S とし、that he is quiet は後ろに回したわけです。「形式主語（形式S）」も「仮主語（仮S）」も同じ意味です。

　では、この that 節を崩してみましょう。まず、is を to be に変えます。その途端に、that がお役御免となり、he が "for him" に変わります。he は「主格」、つまり「主語の格好」です。主格は、動詞の前に出ていくときにする格好です。ところが、相手は、もはや動詞ではなくなり、不定詞になってしまいました。そこで、主語の格好ではいられなくなり、"for＋目的格" に着替えをしたわけです。これが、「意味上のS」の考え方です。簡単ですね。

　こうして、まったく意味も文型も変えずに、複文を単文に崩すことができました。It が「仮S」、for him to be quiet が名詞句で「真S」です。英文の意味は、どちらも「彼が静かだなんて変だ」です。もちろん、これも名詞節を崩したのですから、名詞的用法です。

では、今度は、形容詞的用法です。

I want something that　I　can　drink.
　　　　　　　　　　↓　↓　↓　　↓
I want something　×　×　×　to drink.

今度は、that I can drink という形容詞節を形容詞句に変えます。ここでの that は関係代名詞です。さっきと同じように、drink を to drink に変え、それによって、can と that が消えて、同じ「何か飲むものがほしい」という意味の単文が出来上がりました。このように、準動詞を使って節を句に崩すと、もともと使われていた助動詞も一緒に消えてしまいます。読む際には、それを復元し、推測しなければならないわけですが、そのためには、まず自分で準動詞を使った SV 崩しができなければならないのですね。

もう 1 つ、今度は、副詞的用法です。

If you　hear　her sing, you must take her for a professional singer.
↓　↓　↓
×　×　To hear　her sing, you must take her for a professional singer.

If you hear her sing という副詞節を崩します。hear を to hear に変え、出来上がりです。「従属節の S」も「主節の S」も、どちらも you ですので、「意味上の S」も置く必要はありません。

◆動名詞は名詞節崩しのピンチヒッター

さて、不定詞はオールマイティーの準動詞なのだ、と述べました。準動詞といえば不定詞、と言っていいくらい、**不定詞は準動詞のいわば代名詞**です。しかし、「なんでも屋さん」は、「専門家」には負けてしまいます。

実は、語源学的にいうと、不定詞は「前置詞」の to を転用したもので、「未来的」で「ポジティブ」な性格を持っています。ですから、「過去的」で「ネガティブ」な意味を表すことができないのです。

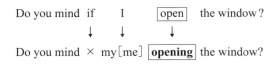

mind は、「〜がイヤだ」という意味の他動詞です。その目的語に、「未来的」で「ポジティブ」な不定詞を使うことはできません。そこで、ピンチヒッターとして動名詞が登場することになるわけです。これから崩そうとしている if I open the window が名詞節になっていることがわかるでしょうか。if だから「もし」で、副詞節などと、短絡的に考えないでください。この if I open the window を取り去ってしまうと、mind の O がなくなってしまい、文が成立しません。従属接続詞はもっぱら副詞節をつくりますが、that と whether と

ifだけは、名詞節もつくることができるのでした。ここでのifは「〜かどうかということ」という意味です。

動名詞の形は"〜ing"ですから、openをopeningに変化させます。それと同時に、接続詞のifがお役御免となって消えます。残る問題は「意味上のS」です。もう一度、注意して英文を見てください。「主節のS」はyou、「従属節のS」はIです。「誰が」窓を開けるのか、つまり「意味上のS」を明示しなければ、「主節のS」が窓を開けることになり、「あなたが窓を開けることを、あなたは気にしますか？」＝「窓を開けてくれますか？」という意味になってしまいます。

動名詞の「意味上のS」は簡単で、後ろに合わせるか、前に合わせるか、のどちらかです。動名詞には名詞的用法しかなく、ほとんど名詞と言ってよい存在です（「動名詞」という名前に「名詞」が入っていますね）。「名詞の前」に置くのですから、1つは「所有格」です。この場合なら、myです。また、前に合わせるなら、mindという他動詞のあとに置くのですから、「目的格」のmeにしてもいいわけです。文の意味は、「私が窓を開けることを、あなたは気にしますか？」＝「窓を開けてもいいですか？」です。

さて、もう1つ、不定詞は、語源学的には前置詞のtoですから、前置詞のあとに置くことができません。**英語では、原則として、同じ品詞を2つ並べることはNGです。**たとえば、insist onとかthink aboutなど、

前置詞がOを取ろうとするとき、不定詞はそのOにはなれないのです。

We insisted on her **taking** the place of him.
われわれは、彼女が彼の後任になるよう主張した。

her が taking の「意味上のS」になっていますね。

◆分詞は副詞節崩しのピンチヒッター

さて、ここでもう一度、従属節をつくるものを思い出してください。「従属接続詞」と「関係詞」と「疑問詞」の3つでしたね。これら3つのうち、圧倒的に数が多いのが、従属接続詞です。though や although なら「逆接」ですし、because なら「理由」、as は「様態」や「付帯状況」、before や after は「時の前後関係」といった具合に、その意味も、実にさまざまです。これら多種多様な副詞節を崩すのは、やはり不定詞には、荷が重すぎるのです。不定詞が崩せるとすれば、せいぜい未来的な「条件」か、ポジティブな「目的」くらいです。

そこで、副詞節崩しは、もっぱら分詞が担当します。形容詞節を崩すこともできますが、やはり分詞の真骨頂は、副詞節崩しです。いわゆる「分詞構文」とは、この分詞による副詞節崩し（分詞の副詞的用法）についた別名です。別名がついてしまうくらい、出番が多

い、汎用性が高い、ということなのですね。

では、一緒に分詞で「SV崩し」をしてみましょう。

As he 　got 　bored, he fell asleep in class.
↓　↓　　↓
×　× **Getting** bored, he fell asleep in class.

やり方は、不定詞・動名詞とまったく同じです。崩そうとする従属節（As he got bored）のV（got）を分詞に変えます。分詞も動名詞と同じ"〜ing"ですから、gettingとなります（動名詞も分詞も同じ形ですが、働きが違います。決してごっちゃにしてはなりません）。英文の意味は、「退屈して、彼は授業中に眠ってしまった」です。

それでは、もう1つです。

If　all things　are 　considered, his answer may be right.
↓　　↓　　　↓
× All things **being** considered, his answer may be right.

areをbeingに変えます。この瞬間に、Ifがお役御免となって消えます。問題は「意味上のS」ですね。分詞の「意味上のS」は「主格」です。つまり、そのまま、分詞の直前に置けばいいのですが、分詞に「意味上のS」を置くことは、あまりありません。「意味

上の S」を置かなければならないのなら、分詞は使わない、と言ったほうがいいかもしれません。すでに述べたように、「主格」は、動詞の前に出るときの格好です。できることなら、分詞の前に置くことは、避けたほうがいいのです。また、分詞の being は省略されることがあります。つまり、このように書いてもいいのです。

All things considered, his answer may be right.

これが「過去分詞」です。つまり、分詞とはあくまで形容詞や副詞として働く "〜ing" 形のことであり、being を省略してできるのが過去分詞にすぎないということです。文の意味は、「すべてを考慮すると、彼の答えが正しいかもしれない」です。

もうおわかりの通り、分詞は「行きは良い良い、帰りは怖い」です。つくるのは簡単でも、読むのが大変なのですね。もともと使われていた従属節接続詞が何だったか、それを推測しながら、読まなければならないわけです。

◆「比較構文」も複文
ここまで、「複文構造をつくるもの」、そして「複文構造を崩すもの」について、お話を進めてきました。
最後にもう1つ、「比較構文」を扱っておかなければ

ばなりません。比較構文もまた、複文をつくるものだからです（ただし、比較がつくる複文構造は、準動詞で崩すことはできません）。

おそらく、多くのみなさんが、"more〜than" や "as〜as" を比較構文だと思っていると思うのです。ひょっとしたら、「than があったら比較構文だ」などと教わっているかもしれません。

そうではありません。**比較の正体は、"more＋形容詞［副詞］" あるいは "as＋形容詞［副詞］" です。**この「形」――「形容詞［副詞］の変化形」のことを、比較と呼ぶのです。

英語の比較構文は、「文と文の比較」です。たとえば、次の２つの文を見てください。

（A）He is diligent.
　　 彼は勤勉だ。
（B）You are diligent.
　　 あなたは勤勉だ。

注目してほしいのは、（A）（B）ともに、diligent という形容詞を含んでいるということです。比較構文をつくるためには、その比較の「基準」となる形容詞または副詞がなければなりません。言い換えれば、共通する形容詞または副詞が含まれていてはじめて、比較構文を使うことができるということです。

では、diligent を変化させてみましょう。「同じくらい勤勉」なのであれば as diligent、「より以上に勤勉」なのであれば more diligent に変化させます。あとは、as diligent なら接続詞の as、more diligent なら接続詞の than でつなぐだけです。

　　　He　　is　　**as diligent**
as　you　are　　〈diligent〉.
彼はあなたと同じくらい勤勉だ。

　　　He　　is　　**more diligent**
than　you　are　　〈diligent〉.
彼はあなたより勤勉だ。

as you〈are〉も than you〈are〉も、副詞節です。これらをまとめている as と than は、前置詞ではありません。すでに述べたように、接続詞なのですね。as diligent も more diligent も形容詞（diligent）の変化形ですから、C として働いています。

　さて、比較構文がつくる副詞節の中では、かなり大胆な省略が起こります。比較の基準になった形容詞［副詞］だけは、必ず省略しなければなりませんが、あとの省略は、書き手の自由です。文法の参考書では、"as［than］+ 語" "as［than］+ 句" "as［than］+ S + V" などと、パターンを分類して説明していますが、もっと

も正式には、"as［than］＋S＋V"しかありません。それが、いろいろに省略されて、語だけが残ったり、句だけが残ったりしているだけです。

できあがった文の構造は、このようになります。いずれも、第2文型です。

$\underline{\text{He}}_{Ⓢ} \underline{\text{is}}_{Ⓥ} \underline{\text{as diligent}}_{Ⓒ} \underline{\langle\text{as you (are)}\rangle}_{Ⓜ}$.

$\underline{\text{He}}_{Ⓢ} \underline{\text{is}}_{Ⓥ} \underline{\text{more diligent}}_{Ⓒ} \underline{\langle\text{than you (are)}\rangle}_{Ⓜ}$.

◆as 節・than 節のない比較構文

比較構文では、非常にしばしば、as 節や than 節自体が省略されてしまいます。「形容詞［副詞］の変化形」——"as＋形容詞［副詞]" あるいは "more＋形容詞［副詞]" こそが、比較の正体です。この形が出てくれば、as 節・than 節が見当たらなくても、立派な比較構文ですから、as 節や than 節を補わなければなりません。

1つ、過去問を解いてみましょう。東京大の問題です。

次の英文を読み、全文を和訳しなさい。

As a small child, I was walking with my mother along the pavement, when I suddenly felt an unaccountable impulse to run into the middle of the road. There just as suddenly I stopped; and just as I stopped, a car swished past at full speed.

　比較構文が使われていることに、気がついたでしょうか。それは、第2文の as suddenly（as＋副詞）です。英文の文構造は、次のようになっています。主節のSVは丸つきの記号、従属節のSVは丸なしの記号で示します。

As a small child, I was walking with my mother along the pavement, 〈when I suddenly felt an unaccountable impulse to run into the middle of the road〉. There just **as suddenly** I stopped; and 〈just as I stopped〉, a car swished past at full speed.

【全訳】
　幼い頃、私が母と歩道を歩いていたら、私は突然道の真ん中に飛び出したくなる不可解な衝動を感じた。その場で、同じくらい突然、私は足を止めた。そして、私が足を止めると同時に、1台の車が全速力で走り抜けていったのである。

as suddenly は、前文の I suddenly felt an unaccountable impulse to run into the middle of the road（私は、突然道の真ん中に飛び出したくなる不可解な衝動を感じた）の suddenly を受けています。つまり、もともとは、次のような2文でした。

（A）There I stopped suddenly.
そこで、突然私は足を止めた。
（B）I suddenly felt an unaccountable impulse to run into the middle of the road.
私は、突然道の真ん中に飛び出したくなる不可解な衝動を感じた。

　共通する副詞 suddenly を as suddenly に変化させ、接続詞の as でつなぎます。

　There I stopped as suddenly
　〈as I felt an unaccountable impulse to run into the middle of the road〉.

　as suddenly は副詞の変化形（M要素）ですから、自由に動き回ることができます。そこで、There の直後に移動したわけです。just は単なる強調です。その上で、as 節が省略されてしまっているのですね。ここは、as suddenly のニュアンスを出し、「同じくらい突

然に」と訳せなければ、0点になってしまいます。as suddenly を見逃しただけで、致命的になってしまうことがわかっていただけるでしょうか。

ちなみに、続く just as I stopped の as は、その形からも、比較ではありません。これは「〜すると同時に」という「時」を表す従属接続詞の as なのですね。これら2つの as の訳し分けこそ、この問題を通して、東大が見ようとしている一文読解力です。

◆no と not の「機能」

ここで、いわゆる「クジラ構文」について、説明しておきます。クジラ構文とは、いわゆる次のような例文で説明されるもので、みなさんもきっと、呪文のように暗記させられたのではないでしょうか。

A whale is no more a fish than a horse is.
A whale is no less a mammal than a horse is.

"A whale" で始まるので、「クジラ構文」と呼ばれるのですが、こんなくだらない暗記で済ませてしまっては、あまりにもったいない構文です。

この構文で大切なのは、no の「機能」です。

not　×−1　すべてのものを「逆」にする
no　　×0　すべてのものを「無」にする

たとえば、次の表現を見てください。

more than 100 yen　　　100円以上
less than 100 yen　　　100円以下

まったく問題ないと思います(「more than 100 yen は 100 円を含まないから、正確には 101 円以上だ」などと言う意地悪な先生がいますが、仮に和訳問題で出たとしても、「100 円以上」でまったく問題ありません。もしかして、その先生は、more than one billion yen を「9 億 9 千 999 万 9 千 999 円以上」とでも訳すのでしょうか)。さて、more than や less than の not をつけると、意味が「逆」になります。

not more than 100 yen　　　100円以下
not less than 100 yen　　　100円以上

では、no をつけたらどうなるでしょう。no は「×0」ですから、以上も以下もなくなってしまいます。つまり、than 以下と「同じ」になってしまうのです。

no more than 100 yen
no less than 100 yen

どちらも than 以下と同じ、ちょうど 100 円です。

ただし、ニュアンスが問題なのですね。no more than は、more なものを引き下げて 100 円と同じになっていますから、「100 円しか」なく、no less than は less なものを引き上げて 100 円と同じになっていますから、「100 円も」あるとなるわけです。

　学校で、「しか」とか「せいぜい」とか「少なくとも」とか、いろんな訳を教えられて、その違いがわからずに、頭がこんがらがってしまった人も多いはずです。しかし、not と no の「機能」さえ理解できていれば、そんな無意味な暗記は要らないのです。

　では、先ほどつくった文で、考えてみましょう。

He is more diligent than you.
彼はあなたよりも勤勉だ。

　これに not をつけると？

He is not more diligent than you.

　差が逆転しますから、「あなたのほうが彼より勤勉だ」となります。では、no をつけると？

He is no more diligent than you.

　以上でも以下でもなくなり、than 以下と同じになり

ます。ですから、「彼」も「あなた」も同じです。ただし、more diligent（より勤勉）な状態を引き下げて同じにするのですから、「勤勉度が低い点で、彼とあなたは同じ」＝「彼もあなたも勤勉ではない」でいいわけです。

それでは、改めて「クジラ構文」を見てみます。

$\underset{\text{S}}{\text{A whale}} \underset{\text{V}}{\text{is}} \underset{\text{M}}{\text{no \textbf{more}}} \underset{\text{C}}{\text{a fish}} \underset{\text{M}}{\langle\text{than a horse is (a fish)}\rangle}.$

more は much の変化形です。副詞を変化させた比較構文なのですね。その前に置かれた no に注目します。「×0」です。more な状態を引き下げて、than 以下と同じにしようとしています。ですから、「ウマが魚でないように、クジラは魚ではない」ということになるのです。

呪文のような定訳なんて、必要ありません。「ウマは魚ではなく、同じようにクジラは魚ではない」でも、「ウマもクジラも魚ではない」でも、訳し方は、何でもいいのです。

したがって、次の文はあり得ないのですね。

A whale is no **less** a fish than a horse is (a fish).

これでは、「魚度」を引き上げて同じにしてしまう

ことになります。「ウマもクジラも魚だ」になってしまいますね。では、次の空所に、moreかlessを入れてみてください。

I can no（　　　）swim than a penguin can fly.

noに注目です。than以下と同じにしようとしています。もちろん、ペンギンは飛べません。したがって、引き下げて同じにしなければ、意味が通りません。もちろん、答えはmoreですね。訳は、「ペンギンが空を飛べないように、私も泳げない」でも、「私が泳げないのは、ペンギンが空を飛べないのと同じだ」でも、何でもかまいません。「同じ」というニュアンスさえ出ていれば、それでいいのです。

では、もう1つだけ、やってみましょう。

His wife is no（　　　）beautiful than Miss Universe.

もちろん、ミス・ユニバースは美女の代名詞ですから、引き上げて同じにしなければなりません。答えはlessです。

また、これら「クジラ構文」で、notが使えない理由も、もうわかるでしょう。

*He is not less a monkey than you are（a monkey）.

＊He is not more a monkey than you are (a monkey).

not は「×−1」ですから、not less にせよ not more にせよ、どちらかは「サルだ」ということになってしまいます。わかりますね。

◆英文法は「意味」より「型」

大学受験で問われるのは、英文法の「型」を身につけたかどうか、ただそれだけです。細かいネイティブ的なニュアンスは、どうでもいいとまでは言いませんが、少なくとも受験英語において、最優先されるべきことではありません。

たとえば、「特殊構文」の1つに、「倒置」があります。倒置とは、ひとことで言えば、「意表を突き、強調するための手法」です。倒置が用いられている以上、そこには、はっきりとした書き手の意思、心情が表れているのですが、受験では、あえてそれを捨象して、倒置をつくったり、解除したりできるように練習するのです。

倒置と聞いて、僕がいつも思い出すのは、『源氏物語』の「若紫」です。怨霊による「おこりの病」にかかった光源氏は、験力で名高い老僧の加持祈禱を受けるため、「北山のなにがし寺」を訪れます。そして、寺に療養滞在しているあいだ、彼は、垣根越しに見た一人の幼い少女に一目惚れしてしまいます。その少女

は、「雀の子を犬君が逃がしつる」と泣いています。せっかくかごに入れておいた雀の子を、お付きの童女が逃がしてしまった、というのです。

　この少女こそ若紫、のちの紫上です。光源氏の生涯の伴侶となる女性ですが、光源氏が若紫に惹かれたのは、自分の初恋の女性である義母、藤壺に生き写しだったからです。しかし、それだけではなく、若紫のこの優しい言葉を聞いたからだと、僕は思います。ふつうの子なら、「犬君が雀の子を逃がしつる」と、「犬君」を先に言うでしょう。にもかかわらず、若紫は犬君を責めず、まず「雀の子を」と言った。紫式部は、この倒置表現に、さりげなく若紫の心根の優しさを込めたのだと思います。倒置というのは、このように光源氏と若紫の人生を決定づけてしまうくらい、強力な修辞技法であるわけです。

　英語の「型」が違うということは、もちろん、意味的にも大きな違いがあるということです。ですから、本来、倒置も受動態も、勝手に解除したり、書き換えたりしてはならないものなのですが、大学受験では、あえてそれでかまわないということです。

　絵を描くためのクレヨンを揃えるようなものです。どんな絵を描くかは、大学に入ってから考えればいいのです。大学入試で問われるのは、クレヨンが揃っているかどうかだけです。このことは、僕が自分の講師生命をかけて、断言します。大学入試で求められてい

る英語力とは何か、それを明確にしておくことは、敵を知る上で、とても大切なことです。

◆英文和訳に「意訳」は要らない

どんなに長く、複雑な一文も、実はマトリョーシカのような構造を持っていて、入れ子をしまっていけば、単純きわまりない5文型になるのだということが、わかっていただけたと思います。下線部和訳問題では、このマトリョーシカ構造を、忠実に訳文に反映させます。「直訳」するということです。「1文は1文で訳す」ことが、英文和訳の大原則です。

とくに、関西を中心とする予備校の授業で、「和訳問題では、直訳してもダメ。行間を読み、意訳しなければならない」と教えている講師が多く、その先生が1週間かけて考えてきた「翻訳」もどきの美文（？）を、生徒たちは必死になってノートに書き写しています。

彼ら「意訳派」の拠りどころは、たとえば大阪大学の「次の英文を読み、下線部の意味を日本語で表しなさい」という設問文です。「和訳せよ」となっていない。あえて「表せ」となっているということは、直訳しても点が入らない、いかに自然な日本語にするかを工夫しなければならない、というのです。

しかし、これは単なる言葉のアヤです。「表しなさい」にそんな深い意味などなく、単に「和訳しなさい」ということです。「民主的」であるべき入試問題

が、そんな曖昧(あいまい)で、奥歯にもののはさまったような問題を出すはずがありません。もし、本当に日本語の表現力を試したいなら、「できる限り日本語として自然に」とか、もっと端的に「わかりやすく説明せよ」という指示が入るはずです。論理的に考えれば、誰でもわかるはずです。「英語」という科目で出題されている以上、そこで試されているのは、あくまで「英語力」です。

　もちろん、「てにをは」がメチャクチャであるとか、主語と述語が呼応していないなど、それは論外です。最低限の日本語の「客体化」ができているということはあたりまえのこととして、日本語の表現の巧拙で英文和訳の合否が決まるということはないのです。

　僕は、2010年に郷里の兵庫県三木市に帰ってきてから、助っ人として、地元神戸の予備校で京大対策のクラスを1年間担当したことがあります。意訳派の抵抗勢力たるや、すさまじいものがありましたが、僕は以上のことを徹底的に貫いて、結局その年、ほぼ全員を京大に合格させることができました。

◆「学者」としての翻訳
　確かに、大学教員は研究業績として「翻訳」をします。しかし、大学教員は「専業翻訳者」ではありません。あくまで「研究者」として翻訳に携わるのです。
　世に「翻訳」と呼ばれるものには、大きく2つの種

類があります。1つは、研究者（そのほとんどが大学教員です）が行う「論文」や「学術書」の翻訳。そして、もう1つが、専業翻訳者（職業としての翻訳者）が行う「文学」や「文芸」の翻訳です。これら2種類の翻訳は、その趣旨においても方法論においても、大きく異なっています。何より、評価されるポイントがまったく違います。

　研究者としての翻訳は、まず「翻訳したこと」自体が評価の対象となります。そもそも、その分野（ディシプリン）に通じている者でなければ、専門書の翻訳は不可能です。訳文は、なるべく原文通り（直訳に近いもの）が望ましいとされます。訳者としての腕の見せどころは、「訳者注」と「解説」です。

　僕は、一度だけ、大学院生時代に、実際の翻訳に関わったことがあります。1995年に出版された『ロサンゼルス民族総覧』（三交社）です。これは、当時の大学院生が分担して翻訳したものを、指導教官であった小浪 充 先生が丁寧にチェックされ、修正加筆して出版されたものです。その作業において、「いかに意訳するか」ということは、ほとんどまったく議論されませんでした。院生のあいだで議論されたのは、もっぱら「訳語」——multiculturalism を「多文化主義」とするのか「文化多元主義」とするか、など——の問題だけでした。

　大学の研究者は（あえて全員と言っていいでしょう）、

「多少日本語が不自然でも、原文に忠実に訳すべき」と考えています。どんなに長く複雑な英文でも切らずに1文で訳すため、「読みづらすぎる」と不評を買っている研究者もいるほどです。

◆「意訳」は採点できない

一方、専業翻訳者としての翻訳の評価のポイントは、やはり「読みやすさ」でしょう。思い切った意訳はもちろんのこと、「超訳」などといって、ときに原文の一部を省略したり、表現を変えてしまったりすることすらあります。

では、そうしたプロの翻訳に共通のルール——コンセンサス（合意）があるのかというと、そうでもありません。文法項目別に翻訳の方法を体系的にまとめた仕事としては、唯一、安西徹雄先生の『英文翻訳術』（ちくま学芸文庫）があるだけです。「所有格」や「無生物主語」、「関係詞」、「仮定法」など、京大や阪大受験者には大いに参考になる本ですが、この本でさえ、専業翻訳者のあいだでは「日本語としての自然さを追求するあまり、誤訳が散見される」という批判が多いのです。

つまり、意訳としての翻訳には、良し悪しの客観的な基準が存在しない、ということです。基準があるとすれば、それは読者の共感——平たく言えば、売れるか売れないか、だけでしょう。

プロでさえ、「何が意訳か」についての客観的基準を持たないのです。そんな曖昧なものを、「民主的」であることを第一義とする大学入試が求めるはずがありません。
　そもそも、行間を読む素養や教養、プロの翻訳者ばりの表現力が合否を決めるのだとしたら、すべてが「センス」ということになってしまいます。もし「センス」で合否が決まるのなら、一体どうやって民主的に答案を採点するのでしょうか。誰にでもわかる明確な（民主的な）採点基準がないのなら、それは、もはや公平な入試ではありません。
　学者としての翻訳に「意訳」は求められず、専業翻訳者のあいだに「何が意訳か」についてのコンセンサスがない。以上のことから論理的に帰結されることは、やはり「大学入試の英文和訳は、基本的には直訳でよい」ということです。

第3章　いかに語彙力を高めるか
　　　——受動的語彙と能動的語彙

◆**アメリカ人と日本人の平均語彙数**
　語彙(ご い)は、日本人の英語学習にとって、非常に大きい問題です。ロジックの下部構造、すなわち「木のロジック」をさらに底支えするものと言っていいでしょう。英語を読むにせよ、書くにせよ、聞くにせよ、話すにせよ、語彙がなければ始まりません。どんなに性能のよい銃を手に入れたとしても、それに込める弾丸がなければ、何の役にも立たないのと同じことです。
　みなさんは、どんな英和辞書を使っているでしょうか。おそらく、ほとんどのみなさんが電子辞書を使っていると思います。いろいろな英和辞書が搭載されていますが、もっとも一般的なものは大修館書店の『ジーニアス英和辞典』でしょう。その収録語数は、学習辞典としては最大の10万5000です。また、同じく学習辞典としてよく使われている研究社の『ライトハウス英和辞典』が約7万です。大辞典では、大修館書店の『ジーニアス英和大辞典』が25万5000、研究社の『新英和大辞典』が23万5000となっています。
　では、平均的なアメリカの高校生は、いったいどれ

くらいの単語を知っているのでしょうか。いろいろな研究があるのですが、およそ6万だそうです。つまり、みなさんが使っている学習辞書に出ている単語なら、その大半を知っていることになります。

それに対して、大学に合格したばかりの日本の高校生の語彙数は、多くて4000だという研究結果があります。ほとんどの日本人の場合、大学合格時の英語力が人生のピークで、日本のビジネスマンの語彙力は、もっと少ないはずです。6万と4000。大学入試用の英単語集の見出し語数は、どれも2000ですから、4000は立派だとしても、やはり、この差は大きいと言わざるを得ません。

では、英語の教師たちの語彙数はどうか。残念ながら、中学高校の英語教員の大半が、英検準1級に合格できないと言われています。日本英語検定協会によれば、英検準1級は「大学中級程度」で、必要語彙数は7500だそうです。「大学上級程度」の英検1級で、1万から1万5000とされており、TOEICの満点取得者でも、せいぜいこのレベルだと思われます。

◆英米人と日本人の最大語彙数

日本人でもっとも多くの英単語を知っていたとして知られるのは、長崎玄弥先生です。いわゆる「聞き流し」英会話学習法の先駆けとなったアルクの「ヒアリングマラソン」の立ち上げに関わった方です。実は、

僕も最初期の「ヒアリングマラソン」の受講者でした。長崎先生は、コーチとして講座を担当しておられ、毎月送られてくるカセットテープを心待ちにしていたものです。重低音のゆっくりとした、迫力ある長崎先生の英語は、あれから数十年経った今でも、鮮明に僕の耳に残っています。

NHKラジオ英会話講師の杉田敏(すぎたさとし)先生は、『英語の達人』(DHC)の中で、長崎先生を「奇跡の15万語」の持ち主として紹介しておられます。長崎先生の語彙力は、21万とも25万とも言われました。真の英語の使い手は、実は小浪(こなみ)先生のように、むしろ英語学者や英語教師以外に多く存在するのですが、戦後日本の英語教師として、長崎先生が最大級の語彙数を持っておられたことは、間違いありません。

では、英語ネイティブの世界での「最大語彙数」は、どのくらいあると思われますか。人類史上もっとも多くの語彙を持っていたと言われる人物は、ウィリアム・シェイクスピアです。彼の語彙数が、英語ネイティブの最大語彙数とされており、その数、3万3千です。「あれ?」と思いますよね。日本人最大の長崎先生の5分の1です。それどころか、アメリカの高校生の6万よりも少ないというのは、どういうことなのか。ここに、語彙修得の難しさ、落とし穴があります。

◆**受動的語彙と能動的語彙**

単語には、receptive vocabulary（受動的語彙）と productive vocabulary（能動的語彙）の2つがあります。受動的語彙とは、reading vocabulary や listening vocabulary のこと、すなわち「読む・聞く」に用いる語彙です。「見たり、聞いたりすればわかる」単語のことと言ってもいいでしょう。もちろん、日本人にとっての英語は外国語ですから、その reading vocabulary と listening vocabulary は異なります。知っていても、聞き取れなければ、わからないのと同じことです。したがって、ここでは、「受動的語彙」＝「reading vocabulary」として、議論を進めていきます。

一方、能動的語彙とは、writing vocabulary ないし speaking vocabulary です。すなわち、「書く・話す」に用いる語彙です。実際に「使うことができる」単語のことだと考えてください。やはり、非ネイティブにとって、writing vocabulary と speaking vocabulary は、必ずしも同じではありませんので、ここでは「能動的語彙」＝「writing vocabulary」と定義します。

先ほど述べた日本とアメリカの高校生の平均語彙数や、英検に求められる語彙数、長崎先生の語彙数は、「受動的語彙」の数です。これに対して、シェイクスピアの語彙数3万3千は、「能動的語彙」の数です。

能動的語彙は、受動的語彙に含まれます。つまり、受動的語彙の一部が能動的語彙であり、必然的に、受

動的語彙よりも能動的語彙のほうが少なくなります。みなさんの日本語での日常を考えてみればわかると思います。新聞やテレビのニュース、現代文の教科書に出てくる単語を、そのまま使うことができるでしょうか。「見たらわかるんだけど、いざ書けと言われたら、書けない」、あるいは「聞いたらわかるんだけど、難しくて自分は使えない」という言葉は、たくさんあるのではないでしょうか。

　もちろん、受動的語彙と能動的語彙の差が非常に小さい人もいます。その差は人それぞれなのですが、受動的語彙と能動的語彙の平均的な比率は10：1と言われています。つまり、能動的語彙は受動的語彙のおよそ10分の1だということです。

　だとすると、長崎先生は1万5000の英単語を自在に使いこなし、シェイクスピアは、なんと33万の英単語を知っていた、ということになります。Oxford English Dictionary全20巻の総語彙数が約40万ですから、シェイクスピアは、およそこの世の英単語をすべて知っていたということです。改めて、その語彙力に驚かざるを得ません。

　改めて、アメリカと日本の高校生の平均語彙数に話を戻しましょう。アメリカの高校生の平均的な受動的語彙数は6万ですから、彼らは、6000の単語を自在に操ります。これに対して、日本の高校生の受動的語彙数は4000ですから、わずか400の英単語しか「書

く・話す」には使えないわけです（スピーキングでは、当然もっと下がるでしょう）。

この事実から、英作文対策の実際が見えてきます。たとえば、夏目漱石や村上春樹の小説の一節を英訳させる京大や、英語で自由に意見を論述させる一橋、早稲田（国際教養）の問題に、わずか400の能動的語彙（writing vocabulary）で、どう対応すればいいのでしょうか。それは、改めて第4章でお話しすることにしましょう。

◆内容語と機能語

実際の入試には、そのときの、ありのままの自分の語彙数で立ち向かうしかありません。しかし、その日までに、1語でも語彙を増やす努力を怠ってはならないのは、言うまでもないことです。

まずみなさんが当面する問題は、いかに受動的語彙を増やすかです。**目標となる語彙数は、もちろん4000です。なかでも、2000の「内容語」を一日も早く覚えてしまわなければなりません。**

単語には、「内容語」と「機能語」があります。内容語とは、「名詞」「形容詞」「動詞」で、内容把握に欠かせない3つの品詞です。これら3品詞の重要性については、第2章をお読みいただいたみなさんには、もはやお馴染みの物語でしょう。

これら以外の品詞、たとえば副詞や前置詞などは機

能語で、とくになくても内容把握に差し障りはありません(ですから、副詞を飛ばし読む「ピックアップ読解」などが流行するわけですが、実際の長文問題では、副詞が決定的なニュアンスの根拠になることも多く、絶対に機能語を飛ばし読むなどということをしてはなりません)。

たとえば、次の語の羅列を読んでみてください。

> 夏休み　湘南(しょうなん)　海水浴場　小学校低学年　男の子　浮き輪　水遊び　50メートル沖　潮流された　1人のサーファー　飛び込んだ　サーフボード　つかまらせた　救出　浜辺　姿　見えない　クールな　去り際　ネット　反響　呼んだ

内容語だけを並べたものですが、おおよそ、ストーリーの大意はつかめるはずです。

『英単語ターゲット1900』(旺文社)や『ジーニアス英単語2500』(大修館書店)など、大学受験用の英単語集は、およそ2000語を扱っています。見出し語も、すべて、名詞、形容詞、動詞の内容語になっていることがわかると思います。

アメリカ人がもっとも簡単に書いた(これ以上は簡単に説明できない)と言われている英英辞典が『ロングマン現代英英辞典』ですが、そのはしがきには「この辞書を読みこなすには2000の単語が必須である」とあります。言い換えれば、せめて2000の内容語を

覚えなければ、もっとも簡単に書かれた（成人向けの）英文も読めない、ということになります。

◆「1語1義」でよい

　難関大学の英語に立ち向かおうとする人は、基本2000単語の習得に励んでください。2000といっても、1年なら1日5語、半年なら1日10語です。1日20語覚えれば、3カ月ですむ計算です。

　この際、『英単語ターゲット1900』のような「1語1義」スタイルの単語集を選んでください。覚える意味は、1つでかまいません。つまり、**単語集の見出しにある最初の意味を1つだけでいい**のです。「それで十分だ」と言っているのではありません。ロジカル・リーディングの方法論を修得するにあたり、「1語1義」でいいから、なるべく早く2000語を仕上げてほしい、ということです。その他の意味や派生語は、実際に長文を読みながら、おいおい補強していけばいいのです。基本2000単語の武装もなく、難関大学の英語長文を読もうとするのは、まるでサンダル履きでアルプスの登山に挑むようなものです。

　発音やアクセントも併せて覚えるに越したことはないので、付属のCDを聞いて、声に出したほうがいいでしょう。あるいは、何度も何度も書いてみる。「**身体**」を使って覚えていくことが大事です。学校や予備校の長文読解で出てきた新しい単語も、その「1義」

だけでかまいませんから、別に単語帳をつくって、覚えていきましょう。

　よく受験生から「『速読英単語』(Z会) はどうでしょうか」という質問を受けます。長文を読みながら、その文脈の中で単語を覚えさせる単語集ですが、少なくとも基本2000単語レベル (『速読英単語』なら必修編) では、かえって効率がよくありません。たとえば、「雪の結晶」は snow crystal ですが、crystal は crystal であって、文脈など関係ありません。まずは「1語1義」で、もっともよく使われる意味を覚えてしまうことです。

◆語根学習は入試が終わってからでよい

　僕は、大学院時代に GRE を受けたことがあります。Graduate Record Examination の略で、アメリカの大学院を受ける者は、英語ネイティブであれ非ネイティブであれ、この GRE 試験を受けなければなりません。僕が舌を巻いたのは、Verbal Sections の語彙の難しさでした。当時、僕は、TOEFL ならコンスタントに高得点 (ほぼ満点) を出していましたが、GRE ばかりはお手上げで、対策本を購入し、受験勉強することにしました。大学院の研究室で、その本を読んでいたら、小浪先生がそれをご覧になり、なんと、スラスラ解いてしまわれるのです。伺えば、「morpheme から推測している」とのことでした。

morphemeとは「形態素」、すなわち、単語を構成する小さい単位のことです。みなさんは、もっとも長いとされている英単語をご存知でしょうか。それは、次の単語です。

pneumonoultramicroscopicsilicovolcanoconiosis

「超微視的珪質火山塵肺疾患」と訳される単語で、45文字からなります。もちろん、英語ネイティブにも、こんな恐ろしく長い単語を知っている人は、まずいないでしょう。しかし、誰でもおおよその意味を推測することができます。morphemeに分解すればいいのです。

pneumono/ ultra/ micro/ scopic/ silico/ volcano/ coni/ osis

日本人でも、少し英語のできる人なら、最初のpneumono、そして最後のconiとosis以外は、およそ見当がつくのではないでしょうか。ultraは「超」、micro scopicで「超顕微鏡レベルに小さい」、silicoは「シリコン、珪素」、volcanoは「火山」です。

pneumonoも、pneumonia（肺炎）という単語を知っていれば、およそ「肺」を意味するのだろうと推測できるでしょう。coniはギリシア語でdust（粉塵）のこと、osisは「病気」です。空気中に浮遊する粉塵を肺

に吸入することによって起こる病気が、coniosis（塵肺症）です。みなさんも、アスベスト問題で、おそらく耳にしたことがあると思います。かつて壁や屋根など、建材製品によく利用されたアスベスト（石綿）の繊維を大量に吸入し、大勢の方が、塵肺症をはじめとするさまざまな病気を引き起こしました。つまり、pneumonoultramicroscopicsilicovolcanoconiosis は、「超顕微鏡レベルに細かい珪質の火山灰を吸い込むことによって起こる肺の病気」ということなのですね。

このように、形態素を知っていれば、未知の単語の意味の推測が、非常に容易になります。形態素を「語根」ともいいます。そこで、一生懸命に接頭辞や接尾辞、語幹など、語根を覚えようとする受験生も多いのですが、それもこれも、まず基本 2 千単語あってのことで、その習得もないまま、語根学習に走るのは、まったく愚の骨頂と言うべきです。

たとえば、oct は「8」を意味する形態素ですが、それを必死に覚えても、oct を接頭辞に持つ単語は、octopus（タコ）か octagon（八角形）、octave（オクターブ）くらいしかなく、それなら単語ごと覚えてしまったほうが効率的です。それに、oct を接頭辞に持つ October はどうなるのでしょうか。これは、ローマ暦では 3 月が年の初めだったことに由来する名称で、やはり「10 月」と覚えてしまったほうが早いのです。

語根学習は、基本 2 千単語をマスターしてから取り

組むもので、大学受験生にとって最優先されるべきものではありません。

◆未知の単語の推測は「同形反復・反転反復」から

ロジカル・リーディングでは、未知の単語の意味は、「同形反復・反転反復」によって推測します。その詳しい解説については、『高校生のための論理思考トレーニング』を参照していただくとして、ここでは、ひとつ、実際の入試問題を使って、未知の単語を推測してみましょう。慶應義塾大学文学部が出題した英文の一節です。

> The concept of beauty is, indeed, of limited historical significance. It arose in ancient Greece and was the offspring of a particular philosophy of life. That philosophy was <u>anthropomorphic</u> in kind; it exalted all human values and saw in the gods nothing but man writ large. Art, as well as religion, was an idealization of nature, and especially of man as the culminating point of the process of nature. Typical examples of classical art are the Apollo Belvedere or the Aphrodite of Melos — perfect or ideal types of humanity, perfectly formed, perfectly proportioned, noble and serene; in one word, beautiful.

> 問　下線部の anthropomorphic とは、どのような哲学か。25字以内の日本語で述べよ。

　anthropomorphic という単語を知っている受験生——と言うより、哲学や宗教学を専攻している大学院生や学者でなければ、日本人は、まずいないでしょう。語根からの推測も、ほぼ不可能です。anthropo は「人、人類」、morph は「姿、形」くらいです。

　英語は、「抽象→具体」へと流れていきますから、この anthropomorphic の具体的な説明は、右にあります。しかも、英語は間髪入れず、ただちに説明を加えます。したがって、下線部説明問題では「直後を見る」ことが原則です。つまり、「anthropomorphic だった」とは、「あらゆる人間的価値を賛美し、神々の中に美化された人間のみを見た」という意味であることがわかります。

　exalt は「～を賛美する」、write large も「～を大きく描く」で、同じ意味です。これは、語彙レベルの同形反復ですね。write の時制変化は、write-wrote-written ですが、古語では write-writ-writ となります。つまり、man writ large で「大きく描かれた人間、美化された人間」です。したがって、たとえば次のような解答が可能です。

神をもっとも美しい人間の姿で描こうとする哲学
（22字）

　「どのような哲学か」という問いですから、必ずそれに呼応させ、「哲学」で締めくくります。また、字数制限がある場合は、カッコつきで字数を明記することも忘れてはなりません。
　ここでわからなければ、さらに同形反復を追います。「宗教同様、芸術も、自然、とりわけ自然のプロセスの頂点としての人間を理想化したものである」。これは、もちろん、前文の「あらゆる人間的価値を賛美し、神々の中に美化された人間のみを見た」を同形反復したものです。つまり、同じデータを形を変えて反復しているにすぎないのです。これを使って、こんな解答もできますね。

　人間を理想化し、自然界の頂点に置こうとする哲学
（23字）

　続く文は、さらにこの同形反復です。「古典的芸術の典型例は、ベルデヴェーレのアポロやミロのヴィーナスである」。より具体的な例が挙がっていますね。Melos（ミロス島）は、ミロのヴィーナスが見つかったことで知られるエーゲ海の島です。ミロのヴィーナスは、パリのルーブル美術館にある世界一有名な彫刻

ですから、みなさんも、きっとどこかで見たことがあるでしょう。両腕のない女神像です。アフロディーテはギリシャ語で、ヴィーナスはその英語読みです。

さらに、同形反復は続きます。「(ベルデヴェーレのアポロやミロのヴィーナスといった古典的芸術の典型例は) 人間の完成された理想像であり、完璧に造形され、完璧に均衡がとれ、崇高にして高貴、ひとことで言えば、美しい」——そう、もちろん、anthropomorphic だということです。ですから、こんな解答も可能でしょう。

崇高かつ高貴で、美しい人間像を芸術だとする哲学（23字）

これが、同形反復・反転反復による未知の単語の推測です。

ちなみに、anthropomorphism は、哲学では「擬人観」と訳されます。宗教学では、「神人同形観」とも「人型神観」とも言います。「神の形姿や性質、行動を人間のそれらにのっとって表象すること」です。通常、外形的な面に認められる神人同形観と、精神的な面に認められる神人同形観に分けられます。したがって、宗教学でも、「神人同形同性観」とか、哲学にならって「擬人観」といったほうがより適切だ、という人もいます。

では、以上の知識のある人が、本文を読まずに、先ほどの問いに「神の形姿を人間のそれになぞらえて表象する哲学」と回答したら、どうでしょうか。字数も22字で、バッチリですね。しかし、0点です。下線部説明問題は、文脈問題であって、語彙問題ではないのです。そもそも、大学は、受験生が anthropomorphism という単語を知っているなどとは、はなから思っていません。あくまで、本文で説明されている通り、同形反復・反転反復にしたがって、解答すればいいのです。
　改めて、全訳を見ておきましょう。

> **[全訳]**
> 　美の概念は、実際、限定的な歴史的重要性しか持たない。それは、古代ギリシャに発し、ある特殊な人生哲学の流れを汲むものである。その哲学は本質的に擬人観である。すなわち、それはあらゆる人間的価値を賛美し、神々の中に美化された人間のみを見たのである。宗教同様、芸術も、自然、とりわけ自然のプロセスの頂点としての人間を理想化したものである。古典的な芸術の典型例は、ベルデヴェーレのアポロ、ミロのヴィーナスである——人間の完成された理想像であり、完璧に造形され、完璧に均衡がとれ、崇高にして高貴なもの、ひとことで言えば、美しいものなのである。

◆入試頻出テーマ：ポストコロニアル

　少し補足しておくと、ベルデヴェーレのアポロやミロのヴィーナスの特徴は、「若々しい」裸体です。アポロは筋肉隆々で、無駄な贅肉などまったくありません。ヴィーナスは優雅でエロス的です。まさに人間のもっとも美しい時期（the culminating point）の、さらにその理想形なのですね。

　考えてみれば、ギリシャ神話やローマ神話には、若々しい神々しか登場しません。もっとも歳をとった神は、神々の王「ゼウス」（ローマ神話ではユピテル）ですが、それでも若く精力旺盛で、せいぜい「壮年」です。

　みなさんは、「神様」と聞いて、どんな姿をイメージするでしょうか。イエス・キリストのイメージを持つ人も、多いかもしれません。ミケランジェロの『最後の審判』に描かれたイエスは、明らかにギリシャ神話の神のようですね。

　日本人の神のイメージも、anthropomorphic ではあります。ただ、ギリシャ神話のような若々しく精気や色気にあふれた神ではありません。宮崎アニメの『千と千尋の神隠し』に見られるように、日本人の伝統的な神のイメージは「翁童」です。

　ですから、まだ無意識的に「翁」、すなわち「おじいさん」を連想する人もいるでしょう。しかし、「童」をイメージする日本人は少ない——というより、

たぶんもういないと思います。確実に「神」のイメージも近代化し、西洋化していると言えそうです。

　慶應文学部が出したこの英文は、こうした西洋化による文化変容（文化剝奪_{はくだつ}）を厳しく批判する立場から書かれています。「ポストコロニアル」という立場です。最近の入試評論で、非常によく扱われるテーマです。『大学受験に強くなる教養講座』（ちくまプリマー新書）の第4章で、詳しく説明しておきました。ぜひとも一読して、知的バックグラウンドにしておいてほしいと思います。

第4章　いかに作文力を高めるか
──一文構成と論理構成

◆英作文は英借文ではない

ここまでの長文読解や一文読解、語彙(ごい)は「リーディング」、すなわち「インプット」の問題でした。これに対して、「ライティング」は「アウトプット」の作業です。

英作文指導の定番は、「英作文は英借文(えいしゃくぶん)だ」というものです。受験生を見ていても、そのほとんどが、英作文対策と称して、頻出表現を含む例文を片っぱしから暗記しています。あるいは、「和文和訳」なる作業を勧める講師もいます。日本語をいったん英語に訳しやすい日本語に置き換える作業です。

結論から言えば、「英借文」も「和文和訳」も要りません。第3章で述べたように、ライティングで使うことができる能動的語彙は、リーディングで使うことができる受動的語彙の10分の1です。難関大学合格者の平均的な受動的語彙数は4000ですから、わずか400の能動的語彙で、英語を書かなければならないわけです。

英作文対策でもっとも大切なのは、ライティングと

リーディングはまったくの別物だと割り切ってしまうことです。リーディングに出てくる語彙やイディオム、構文は、まずライティングで使うことはできませんし、決して使おうとしてはなりません。

　大学受験における英作文問題には、読解問題同様、「一文形式」のものと「長文形式」のものがあります。前者は、いわゆる和文英訳、後者は、論述形式の自由英作文です。以下、順を追って説明していくことにしましょう。

◆小学生に説明するように書く

　一文形式の和文英訳のポイントは、具体的には、以下の3つです。

> ❶　小学生に説明するように書く。
> ❷　複文は避ける（FANBOYSを使う）。
> ❸　論理指標に気をつける。

　1つ目のポイントは、「小学生に説明するように書く」ことです。僕が、神戸の予備校に請われて京大対策を担当したとき、生徒たちに口を酸っぱくして言い続けたことは、「難しく書こうとするな。プライドを捨てて、小学生になりなさい」ということでした。難関大受験生ほど、やたらと難しい構文を使いたがったり、「ネイティブ的」な表現にこだわったりします。

しかし、現実は、たった400の能動的語彙しか使えないのです。「ネイティブ的」どころの話ではなく、はるかにもっと次元の低い戦いです。

たとえば、京都大学の英作文は、「親の七光り」や「飼い犬に手を嚙（か）まれる」、「猫の手も借りたい」など、特殊日本的なこなれた表現を出題することで知られます。みなさんなら、「猫の手も借りたい」をどう英語にしますか。

まず、「てんてこまい」に言い換えてみますが、かえって難しくなってしまいます。「忙しくて目が回る」としてみても、今度は「目が回る」をどう英訳するかが、問題になります。このように、和文和訳は、しばしば堂々巡りになってしまうのです。

説明する相手が、小学生だと思うことです。小学生が相手なら、「猫の手も借りたい」や「てんてこまい」といった比喩（ひゆ）は使わないはずです。そう、「ものすごく忙しい」でいいのです。英訳すれば、"I'm very busy."（とても忙しい）です。現在完了を使えば、「このところ」というニュアンスが出ますし、「ものすごく」を "really" としてもいいでしょう。"I've been really busy." で、十分な合格答案です。

大人相手に和文和訳しようとするから、間違うのです。和文和訳は和文和訳でも、小学生が相手だと考えることです。

ここで、「ネイティブらしさ」を持ち出せば、キリ

第4章　いかに作文力を高めるか

がありません。「てんてこまい」のニュアンスを出すには、"hectic" という形容詞がピッタリでしょう。しかし、この場合、"It's been really hectic." とか "My schedule has been hectic." といった具合に、「人」ではなく、「状況」が主語になります。うまく決まればいいのでしょうが、主語を間違うと、やぶ蛇で０点になってしまいます。あるいは、「目が回る」を英語では「頭が回る」と表現します。"I've been so busy that my head is spinning." とすれば、とても英語らしい表現です。あるいは、あえて日本語の比喩を生かして、"I'm so busy that I even want the help of a cat." とか、仮定法を使って "I'm so busy that I'd even appreciate the help of a cat." などとすれば、しゃれた表現になるでしょう。しかし、そもそも大学は、こんな答案を期待してはいません。

「その英語、ネイティブが聞いたらカチンときます」などと、もっともらしいことを言う人もいます。しかし、英語は、長い一生をかけて学んでいくものです。もう40年近く英語を学び、はばかりながら英語でメシを食っている僕でさえ、「ネイティブらしさ」など、とても身についているとは思いません。まして、中学高校の６年間しか英語を学んでいない十代の大学受験生に、「ネイティブ的」な表現を求めることなどない、と断言できます。背伸びをしないことです。どんなに背伸びをしても、結局は、書けることしか書けないの

です。

◆複文は使わない

　和文英訳の2つ目のポイントは、「複文は使わない」ということです。複文構造（マトリョーシカ構造）こそ、英文解釈（一文読解）を難しくさせるものです。リーディングレベルで四苦八苦しているものを、ライティングレベルで使いこなせるはずがありません。

　英作文では、「単文」が原則です。英文和訳は「1文は1文で」が原則でしたが、英作文では、どれだけ短く分解してもかまいません。ここでも、リーディングとライティングのダブルスタンダードを使い分けます。アメリカの小学生は、FANBOYS（for, and, nor, but, or, yet, so）を使って作文するよう、指導されます。大学受験でも、できるだけ複文を避け、FANBOYSで単文をつなぐよう、心がけてください。

　たとえば、「ウマが魚ではないように、クジラも魚ではない」という日本語が英作文で出題された場合、およそすべての受験生が「クジラ構文」を連想すると思います。しかし、複文に手を出してはなりません。norを使って、

A horse is not a fish, nor a whale is a fish.

とするか、norが使いにくければ、

A horse is not a fish, and a whale is not a fish, either.

でいいのです。

　どうしても複文にする必要がある場合は、従属節（入れ子）は1つまでにしてください。その際、用いる従属接続詞も、that や if、when、because、though くらいまでにして、特殊構文（倒置構文や強調構文）、あるいは比較構文は避けます。間違いの元だからです。

As a horse is not a fish, a whale is not a fish.

　これは、「様態」の意味（～のように）で as を使った例ですが、これすら、多くの大学受験生には危ない橋です。くれぐれも複文は避け、なるべく平易な単文を FANBOYS でつないでいくことです。

◆論理指標に気をつける

　和文英訳の3つ目のポイントは、「論理指標に気をつける」ということですが、実は、これがもっとも重要なポイントです。「論理指標」とは、「木のロジック」のことであり、より具体的には、「名詞の単複」「冠詞」「動詞の人称変化」「時制の一致」の4つです。

　みなさんには、もうピンとくるはずです。これらは、すべて日本語にはないロジックの道具立てばかりです。だからこそ、いっそう注意しなければ、日本人の書く

英語からは、これらがすべて抜け落ちてしまいます。

　生徒の英作文の添削は、ある意味では、とても楽です。彼らが間違うのは、ほぼ100パーセント、これら論理指標ばかりだからです。おそらく、実際の入試でも、構文や英語のニュアンスに行き着く前に、「冠詞がない」、「a と the を間違えている」、「複数なのに s がない」、「3人称単数の s がない」、「時制が一致していない」など、論理指標の使い間違いで減点せざるを得ず、0点になってしまう答案が、ほとんどだろうと思われます。

　「彼は泳ぎが上手い」と、述語で表現しようとする日本語に対して、英語は "He is a good swimmer." といった具合に、名詞による表現を多用します。さらに、その名詞を代名詞で受けますから、その「数」——単複の区別や動詞の人称変化——をゆるがせにすることはできないわけです。

　また、ロジックの出発点は、「私とあなたはわかり合えない」という他者意識です。その名詞が「新情報」なのか「旧情報」なのかは、a か the かで明示し、「時系列」をはっきりさせるために、細かい時制を使い分けます。英語では、「過去形」は「現在形」の反転反復です。つまり、過去形で述べるだけで、「今はそうではない」ことを明示することができます。過去形で "I lost the key." と言えば、「鍵をなくしたが、もう見つかった」ということが、はっきり伝わります。

逆に、"I've lost the key." と現在形で言えば（現在完了形は現在形の一種です）、「鍵をなくしてしまって、今もない」という意味です。ところが、日本語にすると、どちらも「鍵をなくした」になってしまうわけですね。

現代国語の問題は、まさにここにあります。現代国語が「英語化された日本語」であることは、序章で述べた通りです。「ロジック」という英語の「心の習慣」で、日本語を操ることは、本当は不可能です。「主客一体」の日本語には、主体と客体を分ける英語のような「論理指標」がありません。名詞の単複も、冠詞も、動詞の人称変化も、時制の区別も、まったく持ち合わせない日本語の文法で、無理やりロジックを使おうとした「文化ミクスチャー」こそ、現代国語だということです。このおかげで、近代化に際して、日本語が致命的な文化剝奪(はくだつ)を免れました。必要最低限の英語化でくいとめようとした明治の知識人たちの努力の賜物だったと言っていいでしょう。しかし、それと同時に、現代文では、中途半端にしかロジックを使うことができなくなってしまったのです。それが、和文英訳の際に、如実に表れるということなのですね。

たとえば、「古池や蛙(かわず)飛び込む水の音」という松尾(まつお)芭蕉(ばしょう)の有名な句があります。これを英訳することは不可能です。まず、「古池」に冠詞がありません。「蛙」も、1匹なのか2匹なのか、その数がわかりません。「飛び込む」は、「飛び込んだ」のでしょうか、「これ

から飛び込む」のでしょうか。それとも、「いま飛び込んでいる」のでしょうか。「水の音」は、どんな音なのでしょう。その音が「した」のでしょうか。「いま聞こえている」のでしょうか。

　以前、テレビドラマを観ていて、彼氏が彼女にケーキをプレゼントし、そのケーキに"from hero"と書いてあるのを見て、自分の生徒の英作文のようで、思わず笑ってしまったことがあります。このように、日本人の書く英語には、そのまま「主客一体」の日本語の「心の習慣」が出てしまいます。

　この「心の習慣」は、一朝一夕に修正することはできません。1年間、毎週添削し続け、どれほど厳しく注意しても、結局直らなかった生徒もいます。それほど、「論理指標」は、日本人にとって難しいものなのです。

　英作文で上達するには、もちろん添削を受けることが必要なのですが、英作文問題の本質をよく理解していない日本人教師に頼むと、難しい構文や表現を多用して、かえって英作文が苦手になってしまいますし、ネイティブに頼んでも、やはりネイティブ的にこなれた英語（受験生には書けない英語）になり、結局は、添削を受けただけになってしまいます。あるいは、友達同士で、互いの英文を添削し合ってみるのもいいかもしれません。

◆冠詞を迷ったときの裏ワザ

　1980年代の大学ESSのメンバーなら、多かれ少なかれ、誰もが影響を受けた英語道の創始者、松本道弘先生は、その師・西山千先生との対談集『同時通訳おもしろ話』（講談社＋α新書）の中で、「なんぼ日本人が文法を勉強しても間違え続ける。aとtheの違いが見えない」と述べておられます。僕の英語とアメリカ研究の師である小浪充先生も、同じことをおっしゃっていました。「冠詞は日本人にとっての宿命だ」と。

　松本先生や小浪先生ほどの使い手ですらそうなのですから、aとtheの使い分けが、大学受験生にできるはずがありません。いや、講義で偉そうに冠詞について語っている予備校講師や、入試問題をつくっている大学教員でさえ、日本人である以上、本当の意味での冠詞の運用は不可能なのです。

　同時通訳者でもあった小浪先生から教えていただいた裏ワザに、**「冠詞の代わりに所有格を使う」**というものがあります。同時通訳では、まさにとっさの判断が死活問題となります。aかtheか迷ったときには、所有格の代名詞を使う。これを聞いたとき、大げさではなく、目からウロコが何枚もはがれ落ちた思いでした。たとえば、先ほどの"from hero"も、"from your hero"にしてしまえばいいわけですね。

　先日、「若気の至りだった」という和文英訳問題に出くわしました。いろんな英訳が可能です。「状況の

it」を使って、"I blame it on my youth." とすると、とても英語らしい表現ですが、まず受験生には無理でしょう。"I was young and naive." としてもいいですね。英語の naive は「能天気な、世間知らずの」くらいの意味でした。これが、受験生としてもっとも理想的な合格答案かもしれません。

しかし、naive が思いつかなければ、どうしようもありませんから、小学生に説明するように、「世間について知らなかった」としてみます。"I was young and knew nothing about..." ここまできて困るのが、「世間」です。society や real life でいいのですが、a なのか the なのか、はたまた無冠詞なのか。ネイティブには、"I knew nothing about society." とか "I knew nothing about real life." と、無冠詞で使う人も多くいます（このあたりは、まさにネイティブ感覚です）。world ならば、"the world" しかありません。このようなとき、所有格の代名詞 our を使って、"I knew nothing about our society (our real life, our world)." としてみるのです。

ついでに言うと、「若気の至り」にあたる表現として、"youthful passion" があります。これを使って書くこともできるわけですが、やはりたちまち「a か the か」が問題になります。"It was a youthful passion." か "It was the youthful passion." か。やはり、ネイティブによっては無冠詞で "It was youthful passion." とする人もいます。議論を始めたらキリがない。そこで、所有格

の代名詞を使って"It was my youthful passion."とするのですね。

これは、英作文をするときに、とても役に立つ発想だと思います。ぜひ覚えておいてほしいと思います。

◆自由英作文のポイント1・演繹型で書く

自分の意見を論述するタイプの英作文（自由英作文）では、さらに以下2つのポイントに注意します。

> ❶ 演繹型(えんえき)で書く。
> ❷ 議論の内容が採点されることはない。

小論文もそうですが、自由英作文は「思想チェック」ではありません。英作文における「英文の間違い」とは、あくまで「形の間違い」であって、「内容の間違い」ではないのです。自由英作文であれば、「一文の型」と「論理構造の型」です。

「一文の型」については、すでに述べました。何のことはない、小学生に伝えるように、できる限りやさしく、FANBOYSで単文をつなぎ、論理指標を間違えないように気をつける。それは、自由英作文でも同じです。

「論理構造の型」とは、もちろん、「演繹型」「帰納型」「反論型」のことですね。その構造を正しく運用できているか、適切なレトリックが使われているか、

問われることは、ただそれだけです。

自由英作文を課す大学は、一橋大、東京外語大、大阪大、広島大、福井大、鹿児島大、慶應大（経済）、早稲田大（政経・法・国際教養）、青山学院大（文・国際政経）などで、語彙指定は、青山学院大の50〜60語から一橋大の100語、東京外語大の200語まで、さまざまです。慶應大（経済）や早稲田大のように、語数指定がない場合もあります。ただ、その解答スペースから、慶應大（経済）で200語、早稲田大（法）で最大80語、早稲田大（国際教養）で200語と考えていいでしょう。

「英語で論述する」というと、何かものすごいことのようです。大学受験生が「200語の英文を書く」と聞くと、「長い」と思ってしまうかもしれませんが、たとえば、先ほどつくった例文を見てください。

A horse is not a fish, and a whale is not a fish, either.

これで14語です。これを4つ並べるだけで、50語を超えます。200語ならば、14並べればいいだけです。まったく長くはない、むしろ、短すぎて何も書けないくらいなのです。

ですから、自由英作文では、小論文のように張り切って、まともに論じようとしてはなりません。くれぐれも、採点官に**「一文の型」**と**「論理構造の型」**が使

えるということをアピールするだけでいいのです。

ここで用いる「論理構造の型」は、「演繹型」がいいでしょう。もともと、英語は演繹型を好みますし、帰納型を用いると、案外、語数調整に手間取ってしまいます。そのくらい、自由英作文の語数は少ないのです。データを書いているうちに語数がオーバーしてしまい、クレームが書けなくなる、ということのないように、演繹型でまずクレームを述べてしまうわけです。

また、「レトリック」は、「因果関係」か「列挙」など、できる限り、シンプルなものを用います。せいぜい「対比・対照」までで、「引用」や「時系列」、「比喩」など、面倒なレトリックは避けてください。

◆自由英作文のポイント 2・議論の内容が採点されることはない

自由英作文問題に解答する際のもう1つのポイントは、議論の内容が採点されることはない、ということです。したがって、必ず自分の考えを書かなければならないというわけではなく、書きやすいように、極論すれば、ウソを書いてもいいのです。

自由英作文は「思想のチェック」ではありません。採点官が見るのは、「一文の型」と「論理構造の型」だけであって、議論の内容が得点に反映されることは一切ありません。「立派なことを書いて、採点する先生をうならせてやろう」などと気負わないことです。

どれほど意気込んでみたところで、わずか100語か200語でまともな論述はできませんし、受動的語彙の10分の1の語彙数で、高度な議論などできるはずがないのです。

それでは、実際の問題を解いてみることにしましょう。鹿児島大の問題です。

Recently, English has begun to be taught at many Japanese elementary schools. Do you agree or disagree with English education at elementary school? From your own viewpoint, write your opinion in English using about 70 words.

設問の意味は、こうです。「近年、多くの日本の小学校で、英語が教えられ始めている。あなたは、小学校における英語教育に賛成ですか、それとも反対ですか。あなた自身の見方から、約70語を使って、あなたの意見を英語で書きなさい。」

おそらく、ここまでこの本をお読みくださったみなさんなら、反対論を書きたくなると思います。もちろん、僕もそうです。しかし、「日本の近代化」や「現代国語」の問題など、日本語でさえ手を焼く議論に、決して踏み込んではなりません。ここは、**「書きやす**

いほう」を書けばいいのです。

　I agree with English education at elementary school. I have two reasons. For one thing, the world has been global and borderless, and many people use English as a global language for mutual communication. In Japan, too, more and more companies have made English their official language, and English has already been the second language for businessmen. For the other, many linguists say that we should start learning English as early as possible. That is, "The sooner, the better."
（78語）

【日本語訳】
　私は、小学校における英語教育に賛成です。これには2つの理由があります。まず、世界がグローバル化し、ボーダーレス化していて、多くの人々が相互のコミュニケーションのために、グローバル言語として英語を使っています。日本でも、英語を社内公用語とする企業がますます増えていて、英語はすでにビジネスマンにとっての第二言語となっています。さらに、できる限り早く、英語を学び始めるべきだと、多くの言語学者が言っています。すなわち、「早ければ早いほどよい」

です。

　まず、第1文に、クレームを置きます。"I agree"（Iを主語にした主観を表す動詞）が論証責任をつくっています。表現は、あえていじくらないこと。設問の言い回しをそのまま使います。"I have two reasons." は、とくになくてもかまいませんが、6語を使うことができますので、「列挙」のレトリックを使う場合は、定型的に入れてもいいでしょう。あとは、「列記」の信号を使って、理由を述べていきます。最後の一文（That is, "The sooner, the better."）は、比較級を使った決まり文句ですが、あるいは危ない橋かもしれません（この文がなくても、−6語ですから、「約70語」という条件は十分クリアできます）。

　2点目の理由として、many linguists say that（多くの言語学者によれば）とするのは、もちろん「引用」のレトリックです。いきなり we should start と始めると、また新たに "How and why should?" という論証責任が生じてしまうため、「これは言語学者の考えである」と、あらかじめ口を封じてしまうのです。

　また、この論理構造であれば、改行は不要です。過去問集や英作文の参考書を見ると、かなり恣意的に改行がなされているのですが、英語における段落とは「クレーム・データ・ワラント」のかたまりのことで

す。決して、日本語の「形式段落」のように、感覚的に改行してはなりません。

それから、「ハンバーガー型」とか「サンドイッチ型」などと称して、最終文でもう一度、"So"や"Therefore"などの信号語を使って、結論を繰り返すように指導している参考書があります。これは、「起承転結」の日本語の作文と混同した間違いです。1つの段落にクレームは1つ。演繹型ならば第1文に置いておけば、もうそれで十分です。レトリックがどれほど複雑になろうと、ネイティブがクレームの内容を忘れることはありません。むしろ、最後にまた意見を繰り返すほうが、英語の感覚としては、とても奇異です。くれぐれも、注意してください。

最後に、自由英作文における「人称」について述べておきます。ネット上の英作文指導のサイトには、「自由英作文ではI thinkやI believeといった1人称は避けなければならない」とするものがあります。I agree with English education at elementary school. も、English education at elementary school is agreeable. と書くべきだ、といった具合です。

確かに、business writingやacademic writingには「1人称を使ってはならない」、つまり「話し言葉は使ってはならない」という決まりがあります。しかし、大学受験では、I thinkやI believe、I agreeで何の問題もありません。そもそも、設問が話し言葉（Do you agree or disagree?）なのに、それに書き言葉で応じたら、むしろそのほうが不自然です。

　繰り返しますが、大学受験に必要なのは、「絵を描くこと」ではありません。あくまで「クレヨンを揃えること」です。ビジネス文書や学術論文のライティングの作法は、大学に入ってから学ぶべきことです。

◆要約英作文の考え方

　東京大や京都大、広島大、神戸市立大などで、要約英作文が出題されます。日本語の文章を英語で要約させる問題ですが、これも考え方は同じです。たとえば、次の問題を見てください。東京大の問題です。

　次の文章は、死に対して人間の抱く恐怖が動物の場合とどのように異なると論じているか。50〜60語程度の英語で述べよ。

　死の恐怖を知るのは人間だけであると考えられる。もちろん、動物も死を避けようとする。ライオンに追いかけられるシマウマは、殺されて食べられるのを恐れて必死で逃げる。しかし、これと人間の死の恐怖は異なる。動物は目の前に迫った死の恐怖を恐れるだけだが、人間は、遠い先のことであろうが、いつの日か自分が死ぬと考えただけで怖い。人間は、自分の持ち時間が永遠でない

> ことを恐れるのである。

　「一文の型」は、もう説明するまでもないでしょう。問題は「論理構造の型」です。この問題文は、非常に日本語的です。このまま、英語にすると、まったくわけのわからない文章になってしまいます。英語にまとめる前に、まず英語の論理構造に改めなければならないわけです。

　クレームは、すでに指示文が述べてくれています。「動物と人間では、死の恐怖が異なる」ということですね。ですから、この問題に限っては、クレームは不要です。「どのように異なると論じているか」、すなわち、「どんなレトリックが用いられているか」が問われているのですから、データの部分だけを書けばいいのです。

　もちろん、レトリックは「対比」です。「動物が目の前に迫った死の恐怖を本能的に恐れるだけなのに対して、人間は自分が永遠には生きられないことを知っていて、日常的に死を思い、恐れる」ということです。これをまとめればいいわけです。

> Animals fear death only when they are in immediate danger. For example, when they are desperately running away from a lion, they are conscious and scared

of death. On the contrary, humans fear death rationally. They know that their life is finite, and they are scared to think that they will die someday.
(53語)

【日本語訳】
　動物は、目の前の危機にさらされているときだけ、死を恐れる。たとえば、ライオンから必死で逃げているとき、彼らは死を意識し、恐れる。逆に、人間は理性的に死を恐れる。彼らは、自分たちの生が有限であることを知っており、いつか死ぬことを思い、恐怖するのである。

　信号語を使いながら、できるだけシンプルで短い単文を連ねていきます。desperately（必死に）は、とくになくても十分に意味は伝わります。また、rationally（理性的に）という単語が出てこなければ、"in their everyday lives"（日常生活において）でいいでしょう。「動物は非日常的な状況でしか死を恐れないが、人間は日常的に死を恐れる」ということなのですからね。

第5章　いかにリスニング力を高めるか
　　　——「聞き流していたら突然わかる
　　　ようになった」のウソ

◆リスニングとヒアリングは違う

　最近よく「英語を聞き流しているだけで、突然わかるようになった！」などと謳う教材を目にします。「わかるようになった」どころか、「突然英語が口をついて出た！」というものまであります。

　実は、この手の「ヒアリング教材」は、1980年代にも、一世を風靡しています。本格的な英語学習者向けには、第3章でご紹介した長崎玄弥先生の「ヒアリングマラソン」がありましたし（ヒアリングマラソンは、ただの聞き流しではなく、補助教材による精聴も行わせる非常に硬派な内容です）、一般学習者向けのものとしては、人気作家シドニー・シェルダンの小説を名優オーソン・ウェルズに朗読させた「イングリッシュ・アドベンチャー」などがありました。

　しかし、残念ながら、いくら何千時間、何万時間と、英語を聞き流してみたところで、ある日突然英語がわかるようになったり、まして英語が口をついて出てくるようにもなったりすることは、決してありません。ヒアリングとはhearすることですが、hearは「聞こ

える」という意味です。つまり、「ただ聞こえている」というのが「ヒアリング」の意味です。ですから、「ヒアリングテスト」の本当の意味は、「聴覚テスト」です。

一方、リスニングはlistenすること。「耳を傾けて聞くこと」です。リスニングができる（聞いてわかる）ようになるためには、ただhearしているだけでは不十分で、自分自身で「音声化」できることが必要です。もちろん、ヒアリングの量は多ければ多いほどよく、リスニング力の向上に役立つのですが（海外留学するとリスニング力が上がるのは、いやがおうでもヒアリングせざるをえないからです）、それ以上に、自分自身で音声化できるようになる訓練が必要なのです。

◆ **発音よりもリズム**
多くの日本人が、英語を話すとき、「発音」が一番大切だと思っています。「アメリカ人のように発音できるようになりたい」と思い、英語の上手、下手の基準を「発音」だと思うのは、実は日本人だけなのだそうです。

「はし」と書いて、みなさんはいくつの日本語の単語を思いつきますか？「橋」「箸」「端」……この3つの単語を、みなさんは、どのように言い分け、聞き分けているでしょうか。「おかし」はどうでしょう。「お菓子」「岡氏」「お貸し」「おかし（い）」……これらの

聞き分けが一発でできる英語ネイティブに、僕はこれまで出会ったことがありません。どれほど日本語が得意な英語ネイティブでも、文脈抜きでこれらを聞き分けることは、ほぼ不可能です。

日本語のリズムは、syllable-timedと言って、すべてのsyllable（音節）にアクセントを置きます。「横山」は「よ・こ・や・ま」の4音節からなります。「音節の数」＝「母音の数」と考えてください。「よこやま」と口に出してみるとわかりますが、〈●●●●〉と、すべての音節に同じようにアクセントを置いているはずです。

「お菓子」も「岡氏」も「お貸し」も「おかし（い）」も、すべて〈●●●〉と、3つの音節に等しくアクセントを置いています。では、どのように言い分け、聞き分けているかというと、微妙に異なる「節回し」です。詩吟や民謡の節回しがそうですね。あの「節」は、西洋音楽の音符では採譜できず、特殊な「符牒(ふちょう)」のようなもので記します。

一方、英語のリズムは、stress-timedです。どこかにアクセントを置きます。「よこやま」なら第3音節の「や」にアクセントを置いて〈●●●●〉となりますし、「ちくま」なら〈●●●〉と、第2音節にアクセントが置かれます。

これは、句になっても節（文）になっても同じです。たとえば、blue bookと書いて、blueにアクセントを

置くと「期末試験」、bookにアクセントを置くと「青い本」の意味になります。paper boyと書いて、paperにアクセントを置くと「新聞配達の少年」、boyにアクセントを置くと「紙人形の男の子」です。このように、英語ネイティブは、日本人とはまったく違った仕方で、意味を言い分け、聞き分けます。今度は、この聞き分けは、日本人には至難です。そして、このリズムを身につけなければ、いつまでたっても英語をリスニングすることはできないのです。

　よく、僕の友人のアメリカ人は、「日本人の英語を聞いていると、stutterしているように聞こえる」と言います。stutterとは「どもる」ということです。diamondも、英語ではdi-a-mondの3音節で、さらに第1音節にアクセントを置いて〈●●●〉と音声化しなければなりません。ところが、日本語の「ダイアモンド」は5音節、しかもそのすべてにアクセントを置いて〈●●●●●〉としてしまいますから、英語ネイティブの耳には、本当にstutterしているように聞こえます。何を言おうとしているのか、チンプンカンプンでわからないのです。

◆リズムの実験2つ
　僕が大学生の頃、よく行った面白い実験があります。西洋のテーブルマナーでは、たとえば塩やコショウが遠くにあるとき、隣の人の目の前に手を差し出して、

それを取るのは、非常に不躾なこととされています。ですから、たとえばポテトを取ってほしいときは、隣の人に"Would you pass me the potatoes?"と頼むのがマナーです。

この"Would you pass me the potatoes?"の"potatoes"を"bodadoes?"と言ってみます。[p]を[b]、[t]を[d]、つまり濁音に変えてみるのです。また、"monanoes"と言ってみます。[m]は、[p]や[b]と同じ「両唇音」(両方の唇がくっついて離れるときに出る音)です。また、[n]は、[t]や[d]と同じ「そり舌音」(舌先を上の歯に当てて出す音)です。

結果はどうか。驚くなかれ、100パーセント間違いなく、ポテトを取ってくれます。"Would you pass me the bodadoes?"と言っても、"Would you pass me the monanoes?"と言っても、アクセントさえ間違わなければ、確実にポテトが来ます。

ところが、本来第2音節にアクセントを置いて〈●●●〉とすべき"potatoes"のアクセントを、第1音節に置いて〈●●●〉としたり、第3音節に置いて〈●●●〉としたりすると、どれほど母音や子音の発音が正しくきれいでも、たちまち"Pardon me?"と返ってきます。これも、100パーセント間違いありません。

あるいは、英語のすべての母音を[ə]に置き換えて、数カ月間暮らしてみた言語学者がいるそうです。この母音は「あいまい母音」と言いますが、日本語の

「あ」と「う」の中間音です。ちょうど、「う」と発音する準備をしておいて、その口の開き方で、無理やり「あ」と発音すれば、「あいまい母音」が出ます。

英語には、二重母音も含めれば、約20の母音があります。そのすべてを「あいまい母音」に変えてしまうのです。英語のコミュニケーションにおいて発音が一番大事なのだとしたら、まずコミュニケーションは成立しそうにありません。ところが、案に相違して、リズム（アクセント）が正しい限り、その言語学者の生活に、ほとんど何ら支障はなかったそうです。

これらの実験が物語っているのは、英語の音声において大切なのは、発音ではなく、リズム（アクセント）だということです。

◆失敗２つ

2020年のオリンピック開催候補地のプレゼンテーションとして、IOC総会で猪瀬直樹東京都知事（当時）が英語でスピーチをした際、デーブ・スペクターさんから「日本一英語が下手な知事」とまで言われてしまったのは、やはりリズム（アクセント）のひどさからでした。象徴的だったのは、"Tokyo is a city that is dynamic..."（東京はダイナミックな都市で……）というくだりのdynamicです。dynamicはdy-nam-icの3音節ですが、〈●●●〉と、第2音節にアクセントを置きます。ところが、猪瀬さんが、ゼスチャーつきのド

ヤ顔で、第3音節にアクセントを置き、〈●●●〉とやったものですから、世界中で「？」が巻き起こってしまったのです。

　かく言う僕自身、いま思い出しても恥ずかしい失敗談があります。「トリを取る（しんがりを務める）」を、英語で "bring up the rear" と言います。ところが、僕はどこでどう間違えたのか、長いあいだ "bring up the bear" と思い込んでいて、英会話のクラスでも、「日本語は鳥で、英語は熊（bear）。面白いでしょう」などと教えていました（もちろん、鳥のトリではないのですが、つまらないダジャレです）。rear［ríər］と［béər］では、母音も子音もまったく違うのに、アクセントが正しかったため、bear でも通じてしまっていたのです。おまけにめったに使わない口語で、訂正する機会がなかったのですね。

◆音読のすすめ

　英語のリズムを身につけるもっともよい方法は、音読です。最近は、英語学習における音読がブームで、「猫も杓子も音読」といった感があります。予備校の世界には、発音もたどたどしく、明らかに音読の経験もないくせに、音読の重要性を説く講師もいます。

　僕自身、ひたすら音読をすることで、英語を身につけた人間です。僕が生まれ育ったのは、英語ネイティブが一人もいない田舎町でしたから、両親にせがんで

買ってもらった教科書の授業用テープをすり切れるまで聞き、ひたすら音読に励みました。高校、大学は、ESSに所属し、英語三昧（ざんまい）の日々を送りました。大学に入ってからは、授業そっちのけで、スピーチとディベートの練習に明け暮れました。下宿の迷惑にならないように、夜な夜な大通りを自転車で何度も往復しては、大声でスピーチの練習をしました。

　ですから、音読の効用を身をもって知っているという点で、僕は、まず人後に落ちない自信があります。しかし、僕が音読を通して身につけたのは、リスニングとスピーキングであって、リーディングではありません。よく「ロジカル・リーディングの復習に音読をしたほうがいいでしょうか」という質問を受けることがありますが、結論から言うと、必要ありません。英語学習において、音読は、リーディングではなく、リスニングやスピーキングのために行うものです。

　以前、ある予備校の最上位クラスのテキストのモデルリーディングを聞いて、びっくりしたことがあります。初見で吹き込んだという理由もあるでしょうが、あまりに抽象度、構文レベルが高すぎて、ネイティブも、どこでブレスしていいか、戸惑ってしまっているのです。

　音読には、それに適した素材と、そうでない素材とがあります。大学入試に出題される本格的な評論文や小説は、もともと「声に出して読む」ために書かれて

はいません。直読直解に不向きな文章は、やはり音読には向いていないのです。

逆に、抽象度は高くても、一度しか聞けない（聞き返せない）ことを前提に書かれたスピーチ原稿などは、音読に適した素材です。昔から、ケネディ元大統領の就任演説やキング牧師の演説が、高校生の英語暗誦大会の課題として取り上げられてきたのも、そのような理由からです。

音読の元祖は、昭和の英語名人のお一人、國弘正雄(くにひろまさお)先生です。道元(どうげん)の「只管打座(しかんたざ)」をもじって「只管朗読(しかんろうどく)」、すなわち「ただひたすら音読せよ」と説かれたわけですが、先生が勧められたのは、東大や京大の英文和訳問題ではなく、中学のリーダーの教科書の音読です。

結論として、ネイティブでさえブレスに困るパズルのような英文を、わざわざ音読用に使うことはないのです。もちろん、ネイティブにしっかり練習してもらい、モデルリーディングを用意すれば、評論や小説を音読することにも意味はあります。しかし、現実的に、それはほとんど不可能でしょう。やみくもに日本語のsyllable-timeのリズムで、お坊さんの読経(どきょう)のように音読してみたところで、百害あって一利なし、です。

終章　新たな和魂洋才に向けて
　　　──大学入学後への橋渡し

◆スピーキングは大学に入ってから

　ここまで述べてきたように、日本の大学生に求められる「英語力」とは、その8割が「リーディング力」です。どの学問分野であれ、最先端の論文や文献は、英語で書かれているからです。大学入試の英語の8割を（文法や語彙を含む）読解問題が占めているのは、そのような理由からであり、それはきわめて健全なあり方だと言えます。

　もちろん、「ライティング力」も必要です。しかし、「現代国語」の恩恵もあって、日本の大学では、少なくとも学部レベルのレポートやエッセイ、卒業論文は、ほぼ日本語で書かせています。最近では、英語で論文を書き、アメリカの雑誌に投稿させる大学も増えているようです。ひと昔前なら、修士課程（場合によっては博士課程）の大学院生に求めていたことですが、これもグローバルな情報化の影響なのでしょう。残る2割を英作文問題が占めるのは、このような現状を反映しています。

　もちろん、講義やゼミの議論も、日本語で行われま

す。学部（undergraduate）は、それぞれのディシプリンの基礎的なトレーニングを行う場所なのですから、これまた、きわめて健全なあり方です。序章で引用した内田樹（うちだたつる）先生の言葉通り、知的イノベーションは、母語でしか担うことができません。伝えられる情報の量や正確さだけから言っても、学部レベルでは、断じて母語が用いられるべきです。こうした本来の学問のあり方を反映し、入試英語において「リスニング力」や「スピーキング力」のプレゼンスが下がるのは、やはり当然のことです。

　「スピーキング力」は、日本で暮らす限り、現実的には、大学に入学してから、海外留学などで当面する問題と言っていいでしょう。実は、**スピーキングは、単なる「慣れ」の問題であって、それほど難しいことではありません**。リーディングとライティング、リスニングの力さえあれば、それをスピーキングにつなぐことは、非常に容易です。逆に、スピーキングから入ると、結局はブロークン・イングリッシュになって終わる、ということが多いのです。

◆アメリカ人のように聞こえたい日本人

　第5章でも述べたように、英語を話していて、「襖（ふすま）の向こうの人が聞いたら、アメリカ人のように聞こえたい」と思う非ネイティブは、日本人だけです。これは、たぶんに、日本人にとっての英語が、書道や華道、

茶道や武道のように、非日常的な修行になってしまっているからだと思います。

僕自身、中学・高校、大学を通して、ひたすら「アメリカ人のように聞こえたい」と思い、修行に励みました。リスニングをしすぎて鼻血を出したこともありますし、スピーチを練習しすぎて、声帯を割ったこともあります。

当時、僕がロールモデルとしていたのは、東後勝明(とうごかつあき)先生です。先生は、同じ兵庫県の隣町(小野市)のご出身で、高校1年のときには熱烈なファンレターを送り、色紙を送っていただいたこともあります。NHKラジオ英語会話で聞く先生の美しい発音に憧(あこが)れ、日本語の口調まで完コピしたものです。

同番組では、毎週土曜日に、先生がアシスタントのアメリカ人やイギリス人と自由に会話をされる"Coffee Break"が放送されました。そのうち、2回は"Guest Hour"で、英語ネイティブだけでなく、日本人の英語の達人を招いて、英語で対談をされるのですが、僕はこの時間をとても楽しみにしていました。そうしたゲストのお一人に、同じ早稲田大学の教授で、「発音学の大家」と言われた石原明(いしはらあきら)先生がおられました。

先日、数十年ぶりに、このときのお二人の対談の録音を聞く機会がありました。「calligraphy(書道)が趣味だ」とおっしゃる石原先生に、アメリカ人アシスタントのベス・ヒギンズさんが、"I'm afraid I know only a little about calligraphy, but I feel that many people are interested in it. What is that?"（残念ながら、私は書道についてほんのわずかな知識しかないのですが、多くのみなさんが関心をお持ちだと感じます。それはどんなものなのですか？）とたずねます。そのときのやりとりです。

石原先生：Ah, it's very hard to answer that question, but...well, for me, it's a tranquilizer.（うーん、その質問に答えるのは非常に難しいのですが……そうですね、私にとっては、精神安定剤ですね。）
東後先生：（感心したように）Oh, is that right, uh-huh.（ああ、そうなんですね。なるほど。）

　ヒギンズさんは、終始、司会者である東後先生に遠慮しておられましたが、おそらく彼女には、とても奇異に響いたはずです。そもそも、ヒギンズさんは、書道とは何か、つまりその歴史や具体的な実践内容について質問しているのですが、それらへの言及はひと言もなく、まるで禅問答のような受け答えになっています。
　英語ネイティブの司会者であれば、石原先生の"For me, it's a tranquilizer."という発言に対して、すかさず"Why is it?"（なぜですか？）とか"What do you mean by that?"（どういう意味でしょう？）とたずねたはずです。「ロジック」という英語の「心の習慣」で聞けば、石

原先生の発言は、明らかに意見であり主張です（メタファーがクレームをつくっています）。決して以心伝心で付和雷同し、相づちを打ってはならない発言なのです。東後先生も石原先生も、僕の大先輩であり、英語教育界の大先達であることを承知の上で、あえて申し上げれば、お二人は日本語の「心の習慣」のまま、英語を話しておられます。

　高度経済成長期以降、日本国民総がかりで、「アメリカ人のようになりたい」と願い、取り組んできた「英会話学習」の帰結が、東後先生と石原先生の「美しい発音による日本的腹芸」だったのだとしたら、やはり、僕たちは、もう一度、日本人にとっての英語学習のあり方を、真剣に考え直してみるべきです。

◆英語の限界

　日本における民衆宗教研究の第一人者、荒木美智雄先生は、宗教学研究における語彙の限界を指摘しておられます（先生は宗教学者でしたが、シカゴ大学で教鞭を執っておられたこともあり、その英語力は、英語学者や英語教師をはるかに上回るものでした）。荒木先生の師であるミルチャ・エリアーデは、religion（宗教）という言葉が、すでに世界中の多様な「宗教現象」を捉えるのには十分ではないとして、「聖なるもの」あるいは「聖なるものの顕れ」という言葉を使おうとしました。

たとえば、「一神教」と訳されるmonotheismは、スピノザに始まる近代西洋人の造語です。polytheism（多神教）やpantheism（汎神論）、animism（自然崇拝）、fetishism（物神崇拝）またしかりで、こうした語彙は、近代のキリスト教を中心とする「一神教主義」のイデオロギーによって導かれたものです。

　西洋人は、アニミズム（自然崇拝）をフェティシズム（物神崇拝）とともに、プリミティブな社会に特徴的な「宗教以下のもの」と見なします。彼らは、アニミズムやフェティシズムが進化して多神教になり、さらにもっとも高度な一神教になると考えます。この西洋的な宗教概念に照らせば、日本の神道は「宗教以下のもの」ということになるでしょう。よくて多神教かもしれません。

　しかし、実は読み方によっては、『古事記』には終始一貫、アメノミナカヌシという一神しか描かれていません。天地開闢とともに「なりました」大いなる「いのち」です。「八百万の神」と言いますが、「八百万」は「無限」の意味です。すなわち、「八百万の神」とは、アメノミナカヌシの無限の働きのことを述べているのであって、決して文字通り、八百万の数の神が存在するわけではないのです。「お日様」や「お月様」、「お土地」といって拝むのも、「水の神様」や「埃の神様」といって拝むのも、すべてがアメノミナカヌシの現れ、すなわち「分霊」であるからです。そこに描

かれているのは、「一即多、多即一」の世界です。

この世界を分類する語彙は、宗教学にはありません。アメノミナカヌシという一神しか登場していない「一神教」と見ることもできれば、「八百万の神」が登場する多神教と見ることもできます。もちろん、アニミズムと呼ぶこともできれば、フェティシズムと呼ぶこともできます。あらゆるものにアメノミナカヌシの分霊が宿っているという意味では、汎神論（すべてに神性が宿るという考え方）と呼ぶこともできるでしょう。

そのどれでもあって、どれでもない。この世界に、西洋由来の「宗教」の概念をあてはめることはできません。西洋的な宗教理解では、十分にとらえることができない世界です。『古事記』を語る語彙が、英語にはないのです。

◆武道 ≠ martial arts

僕はかつて、ある日本の宗教団体の教典の抄訳（しょうやく）（英訳）に関わったことがあります。しかし、僕が英語で使うことのできる宗教の語彙は、キリスト教のものばかりです。僕は、かえって英語ネイティブが読んだら奇異に響くような、ザラザラした表現を心がけてみました。そして、「ネイティブに耳触りのよい表現にしてしまうと、そちらの意味世界にもっていってしまわれます。ネイティブチェックに出していただいてもかまいませんが、彼らの言う《英語らしさ》に妥協

せず、新しい表現を模索するくらいの覚悟がないと、この試みは失敗します」という意見書を添えたのですが、果たしてどうなったのか、その後の報告はありません。

僕が学ぶ糸東流空手道の流祖、摩文仁賢和は、次のような歌を遺しています。

　何事も打ち忘れたりひたすらに
　　　武の島さして漕ぐが楽しき

武道三昧、修行三昧の境地を詠んだ、日本武道史上稀に見る素晴らしい歌です。みなさんなら、これをどう英語に訳しますか。世界糸東流空手道連盟の公式訳は、次のようなものです。

Forgetting mundane things
When striving for the martial isle
Paddling is joy

誤解を恐れずにあえて言えば、まるで殺人鬼たちが、トーナメント優勝を目指し、嬉々として血なまぐさい闘争を繰り広げているようです。「武の島」は "martial isle" ではありません。「武」の本義は「戈を止める」です。摩文仁が詠んだのは、闘わないために闘うことです。殺しに殺し、殺すことすら殺して、生かし生か

される拳。「殺人拳」の果てにある「活人拳」の世界なのです。

　「戈を止める技」が「武技」です。沖縄では、「空手に先手なし」と教えられてきました。それを無言で示すように、空手の型は、すべて「受け技」から始まっています。大正時代、空手を沖縄からはじめて本土に紹介し、慶應や東大の唐手（空手）研究会の初代師範を務めた船越義珍は、「空手の型は、《天地神明に誓って、私は戦いたくないのです、ですが避けられません。おやめになりませんか。どうしてもというならお相手いたします》と動作で表現しているのだ」と、常に門人を諭したそうです。東大の学生たちが、防具を使った競技を始めたときには、これを嫌って即座に東大を去っています。

　ところが、こうした本来の空手のあり方を説明しようとしても、英語では"martial arts"という言葉しかありません（「格闘技」は、その訳語であって、やはり逆輸入された新造漢語です）。これでは、空手の奥深い世界を到底汲み尽くすことはできないのです。その意味で、「武道」を"martial arts"と置き換え、「書道」や「華道」を"calligraphy"や"flower arrangement"と置き換えて得々とする通訳や翻訳は、やはりあまりにナイーブで記号的です。

終章　新たな和魂洋才に向けて

◆和魂洋才ふたたび

　明治の知識人たちが直面した「和魂洋才」に、学び直すべきときだと思います。新しい言語創造と言ってもいいのかもしれません。リトマス紙のように、ちゃぽんと染液に浸して、表向きはアメリカ人のようには聞こえるけれど、「心の習慣」は日本人のまま、というのを、「和魂洋才」と呼ぶのではありません。

　僕の学問の師は、小浪充先生です。そして、僕は、小浪先生ほど、「いかに日本文化を英語に乗せるか」に腐心した日本人を、寡聞にして知りません。先生は、よく「国の個性」ということをおっしゃいました。ドイツの環境学者ウォルフガング・ザックスは、現在世界に存在する約5100の言語が、これから一世代か二世代のうちに、わずか百の力ある文明の言語に取って代わられてしまうだろう、と述べています。5100の言語が存在するということは、その数だけの「心の習慣」が存在し、さらにその数だけの生きる可能性が存在するということです。ザックスのいう文明の言語の中心が、英語であることは、もはや論を待ちません。ますます英語化していくグローバル社会の中で、いかに「国の個性」を守るかは、まさに火急の課題です。

　武道に、「守破離」の訓言があります。修行のプロセス、上達のプロセスを述べたものです。初心者のうちは、教えられた「型」をひたすら「守」って研鑽します。宮本武蔵は『五輪書』の中で、「千日の稽古を

もって鍛とし、万日の稽古をもって錬とす」と述べています。鍛が「破」です。「守」の果てで、修行者はやがて「型」を「破」り、ついにはそれを「離」れます。「錬」です。ここに至って、やっと自分だけの「形」を修得することができる、というのです。

「型」から「形」への変化が、守破離です。動作は同じです。しかし、微妙な呼吸、間が違う。「形」こそ、融通無碍に使える、その人だけの生きた「かた」です。「ロジック」という英語の「型」を突き詰め、極め、やがてそれを「破」り「離」れて、日本人の英語という「形」を発信していく。「守破離」の果てにある日本人の英語。それを発信するためにこそ、受験英語を学ぶのです。そのためにこそ、英語の「型」を学び、それを極めて、新たな「形」を創造するのです。

摩文仁賢和の歌を、英語にしてみました。今の僕の英訳です。

Pursuing the killing fist
To kill the killing
Joy is it
To row with a single heart
For the island of *bu*
The island of the life-giving fist

◎さらに学習を進めるために

❶　横山雅彦『高校生のための論理思考トレーニング』ちくま新書
❷　横山雅彦『大学受験に強くなる教養講座』ちくまプリマー新書
❸　横山雅彦『横山雅彦の英語長文がロジカルに読める本』KADOKAWA
❹　DVD『地上最強の英文読解　横山雅彦のロジカル・リーディング全伝』(有限会社みき社)
❺　伊藤和夫『英文法どっちがどっち　英語の品詞がわかる本』(復刊ドットコム)
❻　國弘正雄編『英会話・ぜったい・音読』(入門編・標準編) 講談社

§森のロジック

まず、❶を読み、三角ロジックを自分自身でアウトプットするトレーニングをしてください。三角ロジックを自分で使いこなすことができなければ、他人が書いたものを読むことなど、できるはずがありません。まして、みなさんが相手にするのは、大学を卒業し、大学院まで出た知識人の書く英語です。最低限のロジック武装が不可欠です。

❷は、入試評論に頻出するワラントを構築するために、知的バックグラウンドの解説に特化して書いたものです。英語だけではなく、現代文や小論文で出題される評論は、すべて「現代」の諸相を論じたものです。この本で、現代を理解するための巨視的な座標軸を構築した上で、興味のある（あるいは大学で学びたい）テーマの新書を読んでみるといいでしょう。

　ロジカル・リーディングを修得するためには、いきなり過去問や原書を読むのではなく、**まず典型的な論理構造を持つ短い英文を、なるべくたくさん読んで、英語のロジックの「型(かた)」に慣れていく必要があります**。できれば単一パラグラフのものから始め、徐々に2パラグラフ、3パラグラフ、さらに多くのパラグラフへと増やしていくのが理想です。

　❸は、そのトレーニングのための本です。この本の特徴は、同じ英文に対して、常に「森のロジック」と「木のロジック」に相互乗り入れしながら、つまりマクロ的視点とミクロ的視点の両面からアプローチしている点にあり、2つのロジックが同時に修得できるよう、工夫を凝らしてあります。この本には、『客観問題の解法編』と『記述問題の解法編』という2冊の続編があります。大

学入試の英語長文問題では、残念ながら、読めたから解けるとは限りません。これらの続編は、客観問題と記述問題それぞれの特徴と、その実戦的な「解法」を扱ったものです。

❹は、筆者自身によるロジカル・リーディングの映像講義です。英検2級程度からスタートし、最難関大レベルにまで引き上げます。TOEICやTOEFLのリーディングで高得点を目指している人にも最適です。映像講義最大の利点は、僕が英文に向かったときの読解の実際を、言葉にならない塩梅(あんばい)まで含めて、本当の意味で「真似る」ことができるということです。僕の解説を口調ごと諳(そら)んじ、板書も完全に再現できるほどやり込むなら、それは「真(まこと)に似る」ということ、もっとも理想的な「守(しゅ)」のプロセスです。扱う問題形式も、長文問題に関する限り鉄壁の布陣で、まさに「全伝」と呼ぶにふさわしい内容になっています。

こうした方法論系の教材は、しばしば「都合のよい英文ばかりを集めている」という批判を受けることがあります。しかし、それなら、他の習いごとすべてに、同じ批判をしてほしいものです（蛇足ながら、参考書もDVDも、「離」の段階では、基本の方法論があてはまらない例外を扱っています）。書を習い始めたばかりの初心者に、誰(だれ)がいきなり

崩し字の書き方を教えるでしょうか。書展に出品するための書法を教えるでしょうか。まずは筆の持ち方、身体の遣い方を教わり、ひたすら基本的な筆法を繰り返すものです。

　必ずできるようになります。それは、20年以上に渡るロジカル・リーディングの歴史が証明しています。どうか、脇目もふらず、ロジカル・リーディングの「型」が血肉化するまで、自分だけの生きた「形」になるまで、その反復練習に打ち込んでください。

§木のロジック

　英語の「木のロジック」の要諦は、「複文構造」と「品詞」です。❺で、名詞、形容詞、副詞に相当する句・節の考え方を徹底的に学んでください。

　英文法の中でも、「関係詞」「仮定法」「比較」「準動詞」の4つは、「使えてナンボ」のアウトプット型文法です。とりわけ、「SV崩し」の道具としての準動詞は、一文読解の効率を大きく左右するきわめて重要な文法です。細かい約束事も多く、決してそれらをないがしろにしてはなりません。❸で、アウトプット型の書き換えをたくさんこなし、丸暗記文法ではなく、「真に使える文法」＝「読解英文法」を揺るぎないものにしてくださ

い。

§音読

みなさんは、ロジカル・リーディングの勉強の合間に、**息抜きとして**、ぜひ**音読を取り入れ、リスニング対策をしてください**。音読の教材としては、❻を薦めます（「入門編」→「標準編」の順序で進めてください。「続入門編」と「続標準編」の組み合わせでもかまいません）。「只管朗読(しかんろうどく)」の提唱者、國弘正雄先生が編集されたもので、先生のお考え通り、中学のリーダーの教科書から音読に適した素材を選りすぐっています。「入門編」は中学1・2年レベル、「標準編」は中学3年レベルです。中学1・2年の教科書と聞くと、あるいは抵抗があるかもしれませんが、音声になると、英語は途端に難しくなります。stress-timedのリズムに慣れていなければ、「入門編」でも、当初は相当苦戦するはずです。

とにかく、音読は続けることに意味があります。「本書の使い方」にしたがって、それぞれ3ヶ月間、必ず毎日続けてください。正しい音読のトレーニングは、そのままTOEFLやTOEIC、TEAPといった4技能型試験の対策にもなります（4技能型試験への対策は、現実的には、音読以外にあり

ません)。ただし、2冊合わせて6ヶ月の期間が必要ですので、十分に計画を立てて、取り組んでください。もちろん、音読を通して身につけたstress-timedな英語のリズムは、リーディングでも大きな力になります。

*

横山雅彦のロジカル・リーディング公式サイト
http://logicalreading.jp/

ちくまプリマー新書243

完全独学！ 無敵の英語勉強法

二〇一五年十一月十日 初版第一刷発行

著者　横山雅彦（よこやま・まさひこ）

装幀　クラフト・エヴィング商會

発行者　山野浩一

発行所　株式会社筑摩書房
　　　　東京都台東区蔵前二-五-三 〒一一一-八七五五
　　　　振替〇〇一六〇-八-四一二三

印刷・製本　株式会社精興社

ISBN978-4-480-68947-4 C0282 Printed in Japan
©YOKOYAMA MASAHIKO 2015

乱丁・落丁本の場合は、左記宛にご送付下さい。
送料小社負担でお取り替えいたします。
ご注文・お問い合わせも左記へお願いします。
〒三三一-八五〇七 さいたま市北区櫛引町二-六〇四
筑摩書房サービスセンター 電話〇四八-六五一-〇〇五三

本書をコピー、スキャニング等の方法により無許諾で複製することは、法令に規定された場合を除いて禁止されています。請負業者等の第三者によるデジタル化は一切認められていませんので、ご注意ください。